個性きらめく小企業

日本政策金融公庫総合研究所 編

はしがき

差別化の重要性がいわれて久しい。

もっとも、いまや規模を問わずほとんどの企業が何らかの差別化策を打ち出している。こうなると差別化も一筋縄ではいかない。かといって経営資源に乏しい中小企業が価格競争に巻き込まれれば、ひとたまりもない。やはり中小企業には、他社との棲み分けを可能にする、個性的な違いを生み出す戦略が必要となる。本書のテーマは、まさにその「個性」である。

そもそも中小企業は多種多様な存在といわれる。その理由を突き詰めて考えると、事業領域の選択や経営方針の決定に関して、経営者の嗜好や考え方などの影響が表れているからではないだろうか。経営者と従業員の距離が近いことから、従業員の嗜好や考え方が経営者の判断に影響を与えていることも考えられる。「十人十色」「蓼《たで》食う虫も好き好き」という言葉があるように、元来、人間の個性は多種多様である。ならば、そうした個性をより強く経営に投影させることで、企業も個性的な違いを生み出すことができるのではないかというのが本書の出発点である。

本書の構成は大きく三つからなる。一つは、経営者の個性をもとに事業を展開する企業の事例を集めた第Ⅰ部・事例編である。登場するのは、まさに個性派と呼ぶのにふさわしい企業の数々である。例えば、美術館の好きな経営者が美術館風に店内のレイアウトや展示方法を工夫した書店。音楽に囲まれた環境で育ち、元音楽教師でもある女性経営者が営む、音楽を中心とする文具店。世話好きな大家さんが活躍の場を求めていた建築デザイナーに表現の機会を与えることで誕生したアーティスティックなアパートなど、ヒアリングに協力いただいたなかでも、とりわけ個性が光る十二社を選りすぐって紹介した。

もう一つは、一見しただけでは何の接点もないように思える経営者たちの戦略や、狙い、発想法などから、総合研究所のスタッフが共通のヒントを導き出してまとめた第Ⅰ部・総論である。SWOT分析などを交えながら、いかにして経営へと投影できる個性を見出し、事業に融合させ、個性できらめく経営を実現するかをわかりやすく詳述している。

最後に、第Ⅱ部には学術論文を収録した。中小企業といえども、その多くは従業員とともに事業を営んでいる。経営者にとどまらず、従業員の個性も含めて事業へと反映できれば、より強烈な個性を発揮できるはずである。ここでは、「組織の硬直化を打破する個人」と題し、個々人がもたらす組織変革の可能性について学術的な視点から中部大学経営情報学部経営学科の寺澤朝子教授に執筆いただいた。経営者はもちろん、広く中小企業の研究者、支援機関の方々などにも、組織とそこで働く人々との関係性を再考するきっかけとしていただければ幸甚である。

最後になったが、ご多忙のなか、取材に快く応じ、貴重なお話を聞かせてくださった経営者の皆さまには、改めて厚くお礼申し上げたい。なかには、二〇一一年三月一一日に起きた東日本大震災の直接的、間接的被害に遭われた方々も含まれている。心からお見舞いを申し上げるとともに、一日でも早い復興をお祈りする次第である。

二〇一一年八月

日本政策金融公庫総合研究所
副所長　木田　勝也

目次

事例編

①不動産の仲介業務を通して再出発を応援する……39
（有）アート宅建（北海道函館市／不動産売買・賃貸の仲介、絵画の販売）
②曲げわっぱの技と魅力を次世代に伝える……51
（株）大館工芸社（秋田県大館市／曲げわっぱの製造・販売）
③地元の人が元気になれる道の駅……63
（株）十文字リーディングカンパニー（秋田県横手市／道の駅の運営）
④ファッションとして制服を着る……75
（株）このみ（新潟県妙高市／自由制服の製造・販売）
⑤観光客が訪れる住宅展示場……89
（有）コテージ・オブ・ウォームス（静岡県浜松市／一般住宅、店舗の設計・施工）
⑥父と二人で奏でた文具づくりのハーモニー……101
（株）はまおん（静岡県浜松市／文具・和洋楽器の販売、楽譜用フォルダーの開発）

⑦ベランダ菜園を届ける建設会社……113
山和土木興業(株)(香川県東かがわ市／土木工事、高速道路の維持管理、堆肥の製造・販売)
⑧愛情を込めた木のおもちゃ……125
(株)なかよしライブラリー(高知県南国市／木製おもちゃ、子ども用家具の製造)
⑨デザイナーの表現の場を提供する不動産会社……137
吉原住宅(有)(福岡県福岡市／不動産の賃貸・管理)
⑩理念を貫き人に良い食事を提供する……149
レモン(株)(福岡県福岡市／弁当の製造、販売)
⑪コインパーキング経営の軍師となる……161
(株)創新(佐賀県鳥栖市／コインパーキングの施工、管理)
⑫アートのある書店……173
(株)長崎書店(熊本県熊本市／書籍の販売)

第Ⅱ部
論文「組織の硬直化を打破する個人
――中小企業で豊かな意味充実人を育てる――」

第Ⅰ部　総論「個性で勝負する小企業」

1　高まる差別化の重要性

（1）市場にはびこるデフレの渦

二〇一〇年、日本のＧＤＰ（国内総生産）は中国に抜かれて世界第三位となった（図１）。マスコミは中国の驚異的な成長スピードを盛んに話題にするが、一九九六年以降、日本のＧＤＰが伸び悩んだことが中国に追い抜かれた理由の一つでもあることを見過ごしてはならない。日本の成長が低迷している要因は、景気の波といった一過性のものではなく、少子化や高齢化といった構造的な問題が背景にある。時が過ぎれば自然に解決される問題ではないため、日本がかつてのような成長を取り戻すことは容易ではない。

さらに、長引く不況が国内市場を萎縮《いしゅく》させている。賃金水準の下落や将来への不安などから消費者心理は冷え込み、不要不急な商品の購入を控えたり、より割安な商品を求めたりする節約志向が高まっている。企業側はそうした消費者の購買行動の変化を察知し、身を削って価格競争を激化させているが、思うように売上を伸ばせないでいる。結果、企業収益が悪

図1　日本、米国、中国の名目GDPの推移

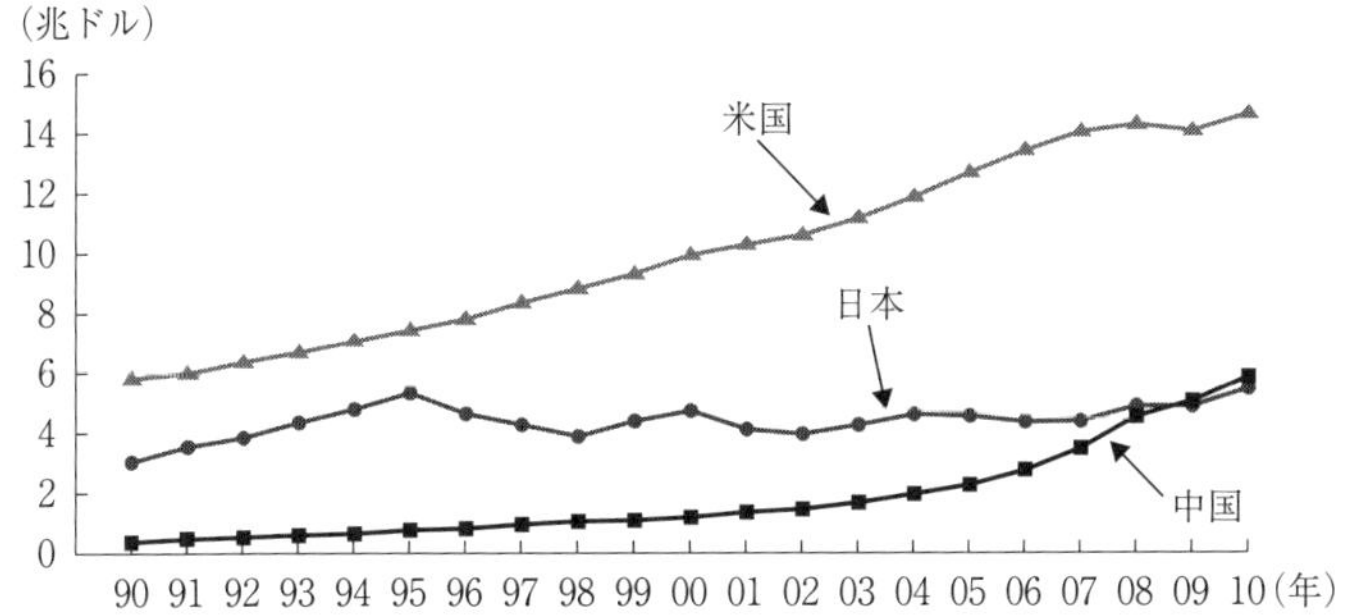

資料：IMF (International Monetary Fund) World Economic Outlook Database, April 2011

化してしまい、消費者の生活防衛意識が働いて、さらなる価格競争を引き起こす、というデフレスパイラルに陥っている。資本力があり規模の経済や範囲の経済を発揮できる企業であれば、コストを削減する余地も残されており、このデフレの渦に耐えられるかもしれない。しかし、相対的に体力の乏しい小企業は飲み込まれるとひとたまりもない。何とかして巻き込まれないようにしなければならない。

(2)　小企業の活路は差別化

競争戦略論の大家マイケル・ポーターは、その著書『競争の戦略』において、他社に打ち勝つための基本戦略を挙げている。それは「コストのリーダーシップ」や「差別化」によって競争要因に対抗することである(注1)。コストのリーダーシップとは同業者よりも低コストで生産・販売できる体制を構築することである。他方、差別化は商品やサービスなどを工夫し、他社とは違う何かを創造することで、競争要因に対抗しようとするものである。もっとも、小企業は規模の経済や範囲の経済を発揮しにくくコストのリーダーシップ戦略をとることは困難だ。小企業においては、商品やサービス、あるいは事業そのものを他社と差別化することが、競争優位を獲得しデフレの渦に巻き込まれないようにするための有効な方策と考えられる。

別の視点から考えても、差別化を進める戦略は非常に有効であるといえる。あらゆるモノが市場にあふれている現在の日本においては、すでに欲しいモノは手に入れてしまったという消費者は多いのではないだろうか。物質的な豊かさを享受している消費者は、次第に精神的な豊かさを求めるようになる。つまり、「自分の嗜好《しこう》に合ったモノ」「自分の価値観にあったモノ」といった、価格や品質だけでないさまざまな側面も意識して商品やサービスを選択しようとする。例えば、環境に配慮した商品やフェアトレード商品などだ。ただし、先ほど触れたような節約志向がなくなっているわけではないから、普段は安価なモノを求めながらも、特別なモノや関心があるモノに対しては価値に見合った金額を支払うという消費スタイルが形成されているのである。このため、商品やサービスを差別化して特定の趣味や嗜好を

図２　業況が「良い」と回答した企業の割合（同業他社との違いの有無別）

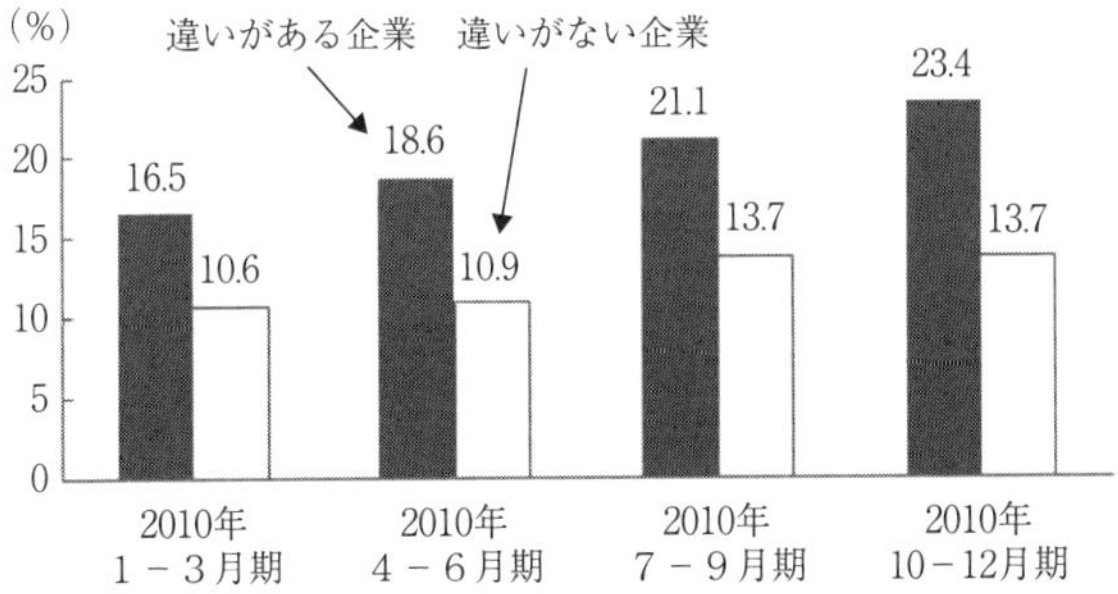

資料：日本政策金融公庫総合研究所「全国中小企業動向調査（小企業編）」

もつ一部の消費者に狙いを定める事業なども成り立つ可能性は高まっているといえよう。

ここで、実際にこうした戦略が小企業の経営に効果的か、データで確認してみよう。当研究所の「全国中小企業動向調査（小企業編）」で、同業他社との違い(注2)があるかどうかを尋ねたところ、「同業他社との違いがある」と回答した小企業の割合は三七・九％であった。そして、この違いの有無によって業況に差があるかどうかをみたものが図２である。業況が「良い」と回答した割合は、同業他社との違いがある企業のほうが高い。しかも、景気の回復に伴いその差は大きくなっている(注3)。他社との違いを打ち出すことは、小企業にとって有効な戦略であることは間違いないだろう。

（3） 個性を糸口にする

とはいえ、約六割の小企業が同業他社との違いはないと回答していたことから推察されるように、小企業の多くは差別化の糸口を見つけられずにいるのではないだろうか。大企業であれば、コストをかけて大規模な市場調査を実施し他社が手がけていないモノを探る、あるいは、多大な投資をして新商品を生み出すために必要な新技術を開発する、といったことが可能かもしれない。しかし、経営資源の乏しい小企業においては、そうした方法は現実的ではない。

そこで考えたいのが、中小企業は多種多様な存在であるといわれていることだ。わかりやすく古書店のケースを紹介したい（注4）。新古書店といわれる大手チェーン店の増加もあって、厳しい経営環境に置かれている古書業界だが、個性的な特徴を打ち出し顧客の心をがっちりとつかんでいる店も数多く存在する。女性をターゲットにした本を扱う店、映画に関連する本ばかりが並ぶ店、インターネットで簡単な本の解説文を掲載している店などだ。これらの古書店では、商品とする古書の選択や販売方法などに、それぞれの経営者の好みや考え方などが大いに反映されている。つまり、「自分の好きな本を」「自分の得意な方法で」

図３　個性がもとになって生まれている同業他社との違いの割合

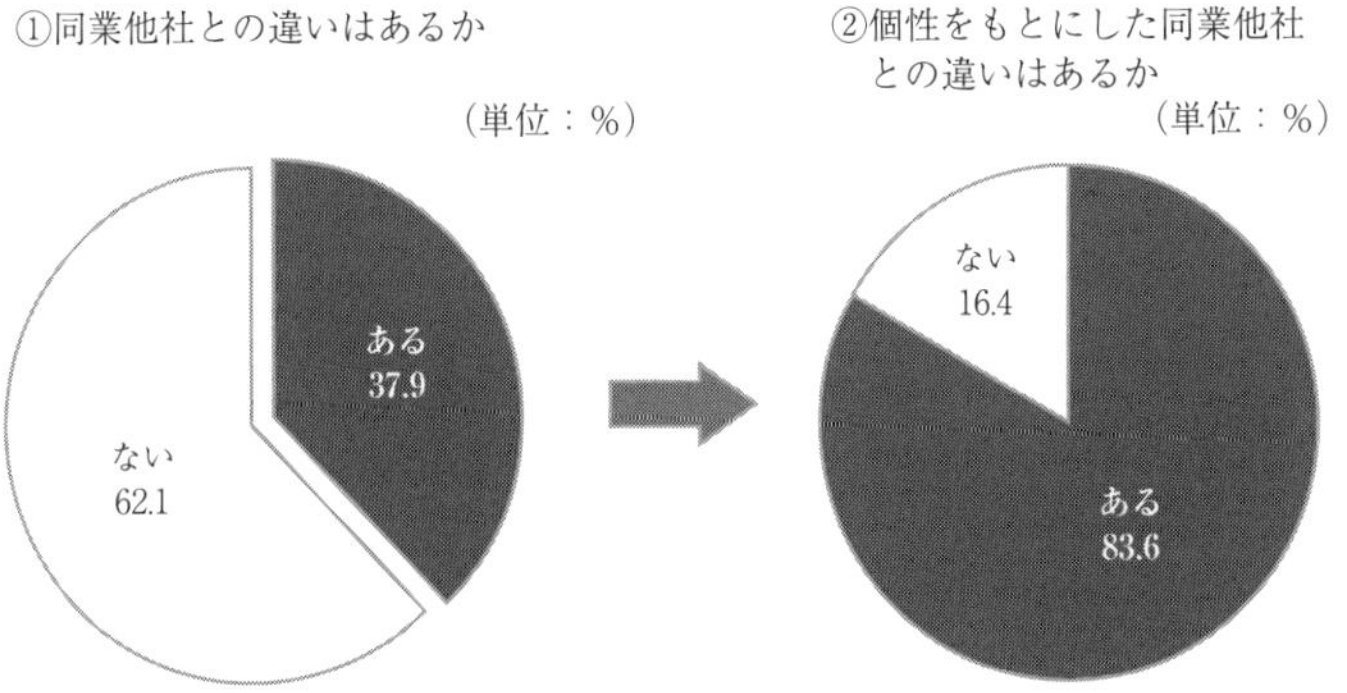

資料：日本政策金融公庫総合研究所「全国中小企業動向調査（小企業編）」（2010年１－３月期）

といった経営者の思いがビジネスモデルに組み込まれている。結果として、その古書店は同業他社にない個性的な特徴をもつことになり、世の中に存在する多種多様な中小企業の一角を担うことになるのだ。

このような例は、何も古書店に限ったことではない。同業他社との違いがある企業の実に八三・六％が、その違いは代表者や従業員の個性（性格、趣味、特技、過去の経験など）から生まれていると回答している（図３）。「十人十色」という言葉があるように、元来、人間の個性は多種多様なものである。個性をうまく経営に投影させることができれば、小企業は他社との違いを生み出すことが可能になるはずだ。

2　経営に投影できる個性とは

「人間の個性は差別化の源泉となる」ことを説明したが、そもそも個性とはどういうものだろうか。

(1)　個性の定義

岩波書店『広辞苑（第六版）』によると、個性とは「①個人に具わり、他の人とはちがう、その個人にしかない性格・性質。②個物または個体に特有な特徴あるいは性格。」とある。他の辞書をみると「個々の人または個々の事物に備わっていて、他から区別させている固有の性質。パーソナリティ。個人性。」「①各個人にそなわり、その個人を他の個人と識別しうる独自の特性。②個体に特有な性質・性格。」などとなっている。いずれも抽象的な表現であるが、ここで扱う人間の個性に絞り共通項を考えてみると、「個人に備わっている」「他人とは違う」という二つの要素が挙げられそうだ。そこで、ここでは個性を「個人に備わっている他人とは違うもの」と定義することにし、各辞書の定義にある「性格」だけでなく、「趣味」「嗜好」「考え方」などもその範囲に含め、幅広くとらえることにした。これらも個人を特徴づけるものであり、なおかつ、中小企業の経営判断に少なからず影響を与えるものと考えられるからである。

(2) 差別化をもたらす個性の要件

個性を定義したところで、どのような個性が差別化をもたらすのか考えてみよう。図3で見たように、他社との違いは個性がもとになっていることが多い。しかし、人間の個性のすべてが他社との違いを生み出すかというと必ずしもそうではないだろう。例えば、海外への留学経験が豊富で英語が得意な人が開いている英会話教室が挙げられる。こうした企業は業界内では決して珍しいものではなく、他社との違いを生み出しているとはいえない。

このように個性を経営に投影させても他社との違いが生まれないケースがある。個性によって差別化を図ろうとする際は、個性が差別化をもたらすための三つの条件を満たさなければならない（図4）。

一つ目の条件は「事業との関連が弱い」ことである。事業との関連が弱い個性であれば、同業他社がもっている可能性は低く、うまく活用することで違いを生み出すことができるだ

図４　差別化をもたらす個性の要件

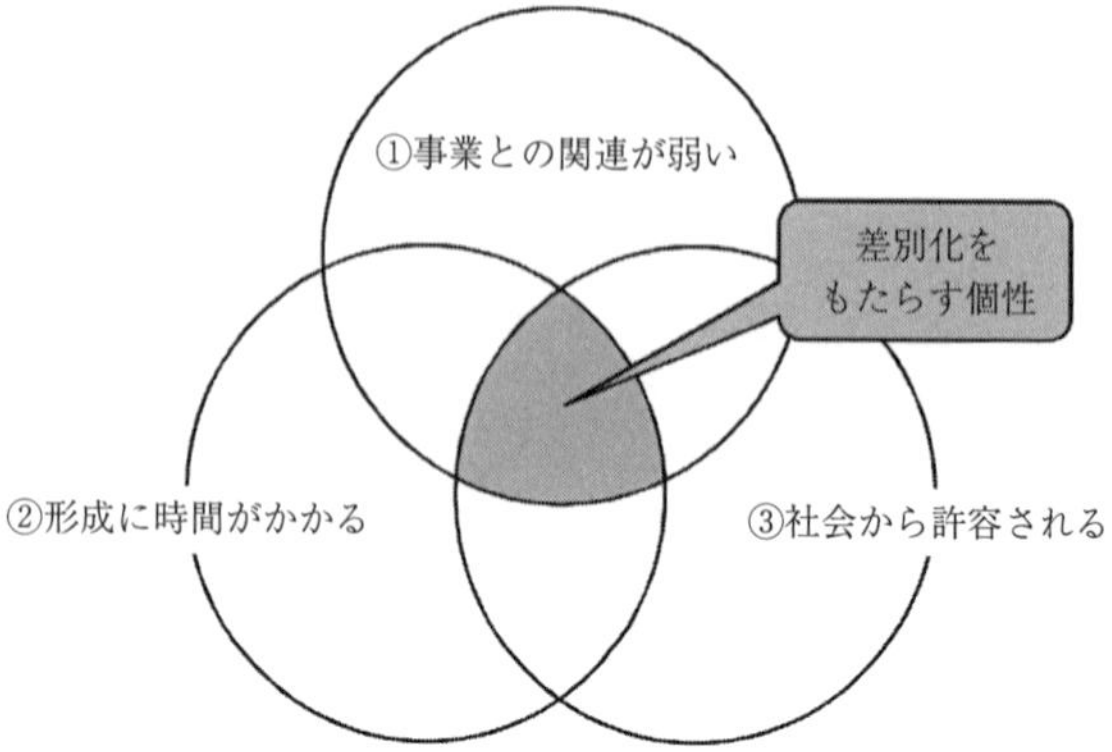

資料：筆者作成（以下同じ）

ろう。他人がもっていないからこそ、個性には意味があるのだ。

二つ目の条件は「形成に時間がかかる」ことである。本を読めば誰でも簡単に入手できる知識や考え方のように、容易に身につくような個性であれば、すぐに真似されてしまう。真似されないためには、ある程度、形成に時間がかかる個性をもとにする必要がある。例えば、子どものころからずっと取り組んでいた趣味や特技、あるいは、ある体験をきっかけにじっくりと熟考して体得した信念や考え方、育った環境のなかで自然に身についた性格などが挙げられる。

三つ目は「社会から許容される」という条件だ。暴力で物事を解決しようとする性格や法的に認められていない賭博が趣味など、公序良俗に反する個性をもとに経営を差別化しても、そのような企業は社会的に受け入れ難いため長続きはできないだろう。

（3）　小企業が獲得できる競争優位

個性によって差別化を図るためには、もう一つ条件がある。それは企業の規模が小さいという条件だ。

規模の大きな企業では、いくつもの階層があることから個性の反映が制限されたり抑制されたりする。仮に経営者が自身の個性を事業に取り込もうと指示を出しても、管理職を経て現場の従業員に伝わるまでに一般化・抽象化して解釈されたり、あるいは歪曲《わいきょく》化されたりするため、意図したとおりに個性が活用されない恐れがある。しかも、実際に事業に携わるのは必要な個性をもっていない従業員がほとんどである。さらに、規模の大きな企業では、業務の細分化やマニュアル化、自動化がなされていることが多い。したがって、人間の個性のような不確実要素が入り込む余地は少ないだろうし、むしろ排除すべきものとしてとらえられがちだ。

一方で、規模の小さな企業であれば、経営者はマネージャーとしてだけでなく現場でプレーヤーとしての役割を果たすことがよくある。また、経営者と従業員の距離が近いため、経営者の考えや指示、ノウハウなどの必要な情報がダイレクトに従業員に伝わりやすい。

3　いかにして差別化につなげるか

個性は他社との差別化に役立つものであること、そして、そのために必要な要件について述べた。しかし、百人いれば百通りある個性を、これまた千差万別な事業に組み込み投影するとなると、当然その方法はそれぞれの企業で異なってくる。自社に適した方法を検討する際は、戦略を策定するためのツールであるSWOT分析が役に立つだろう。SWOTとは、Strength（強み）、Weakness（弱み）、Opportunity（機会）、Threat（脅威）の頭文字である。SWOT分析では、まず、自社の内部環境を強みと弱みの点から整理し、同じように自社の外部環境を機会と脅威の点から整理する。そして、これら四つの要素を踏まえ、個性という切り口で「強みを強調する」「弱みを克服する」「機会を利用する」「脅威を回避する」のいずれかが可能な戦略を検討すれば、個性をうまく事業に組み込むことができるだろう。それそれについて、具体的な事例をみてみよう。

(1) 強みを強調する

(株)長崎書店（熊本県熊本市、従業者数十人、事例編⑫）の長崎健一社長は二〇〇六年に店舗をリニューアルした。そのときにこだわったのが、「美術館が好き」という長崎社長の趣味・嗜好である。地元出身の芸術家の作品を展示するギャラリーを設けただけでなく、書棚の高さを低めにし通路の幅にもゆとりをもたせた。美術館のような落ち着いた空間をつくり、来店客にリラックスした気持ちで本に触れてもらいたいとの狙いである。また、美術館の企画展のように、長崎社長や従業員の視点で選んだ本をおいて、新しい本や新たな興味との出会いも演出した。こうした長崎社長の個性を活かしたリニューアルによって、同社の二つの強みはより強調されることとなる。

一つは従業員である。同社の従業員は読書アドバイザーの資格を取得するなど、自己研鑽《けんさん》に励んでいたが、以前は十分に従業員を活用できているとはいえなかった。リニューアルを機に従業員が個々の裁量で仕入れられる本を増やしたことで、従業員が力を発揮し店全体の活気が大いに高まった。

もう一つは立地である。店舗の近くには県立美術館と市立博物館があり、以前から、芸術に関心のある人たちは店舗の前を通っていた。ギャラリーで芸術作品を展示することは、それまで素通りしていた顧客層を店舗に呼び込むきっかけになったのである。

(2) 弱みを克服する

(株)はまおん(静岡県浜松市、従業者数七人、事例編⑥)は文具やオフィス用品を中心に、楽器、印鑑、切手、宝くじ、たばこなど、さまざまな商品を販売している。しかし、主力の文具は激しい価格競争によって利幅がどんどん小さくなっていた。扱っている商品はどこでも買えるものばかりという弱みを抱えていたのである。

そんななか、創業者である父親から事業を引き継いだ齋藤真由美社長は、楽器演奏時に、ビニールシートに楽譜を入れたままメモを書き込めるクリアブックを商品化する。ビニールシート一枚一枚に大きな開口部を設けたのだ。アイデアの源泉となったのは、齋藤社長の「音楽好き」という個性とつながる音楽教師をしていたときの経験である。齋藤社長は大学卒業後、地元の高校で音楽を教えブラスバンド部の顧問を務めていた。その際、演奏のタイミングや強弱などを細かく指示しても、一般的なクリアブックでは生徒がビニールシートから楽譜を取り出してメモするのに時間がかかってしまい、せっかくつかんだ演奏の感触が薄れてしまうことがあったのだ。

齋藤社長の経験をもとに誕生したクリアブックは非常に使い勝手がよく、専用のビニールシートは五年間で五万枚以上を出荷するほどヒットしている。この同社オリジナルの商品は、利益率の改善に大きな貢献を果たすとともに、音楽が中心にある文具店という個性をも同社にもたらした。

(3)　機会を利用する

㈱なかよしライブラリー（高知県南国市、従業者数八人、事例編⑧）の浜田正志社長は、もともと保育士として働いていたが、安全な木のおもちゃをつくるために八三年に創業した。もっとも、当時は消費者の間におもちゃの安全性に配慮するという土壌はなく、売上は伸び悩んだ。事業を維持するために、やむなく表札やインテリア用の模型といった雑貨にまで手を広げ、大手量販店からの注文をこなしているうちに、いつしか創業時の思いは消え失せ、雑貨の製造が本業になってしまっていた。

しかし、九〇年代に入ると日本でもおもちゃの安全性に対する意識が高まってきた。安全性にこだわるヨーロッパ製のおもちゃが輸入されるようになり、浜田社長はドイツにおもちゃ展を視察しに行く。そこで「子どもが大好き」という自らの原点ともいえる考え方、つまり個性を大切にしたいという思いを強くし、あらためて木のおもちゃづくりに特化することを決断する。そして、保育士として働いていたときに感じたことを整理して理想のおもちゃを追求し、「安全である」「手触りがやわらかい」「楽しく遊べ発育にも役立つ」という特徴のあるおもちゃをつくりだした。安全性を重視する土壌が育ちはじめた機会を見逃さず、時流に乗ったこともあって、同社のおもちゃは消費者の共感を得て順調に販売実績をあげている。

(4) 脅威を回避する

山和土木興業(株)(香川県東かがわ市、従業者数二十三人、事例編⑦)の山西和雄社長の個性はずばり「負けず嫌い」である。このため、同社の戦略は一貫している。企業にとって最大の脅威ともいえる「競争相手」がおらず、決して負けることのない市場に進出するというものである。

その一例が、高速道路の維持管理作業である。この作業は手間がかかるわりに儲からないため、誰もやりたがらない仕事であった。同社も、維持管理で出る雑草の焼却処分に多額のコストがかかったため赤字が続いたが、山西社長はあきらめず、堆肥づくりに着手して雑草を販売可能な商品に変えることに成功した。

ただ、堆肥の販売は競争相手が多く、なかなか売れなかった。そこで再び、負けないための戦略を実践する。水をやるだけで健康な野菜を育てられるという雑草堆肥の長所を活かして、無農薬のベランダ菜園キットとして販売することにしたのである。野菜の新芽であるスプラウトを栽培するキットとし、場所をとらず水をやるだけでいいという手軽なものにした結果、園芸になじみの薄かった人の需要を掘り起こし、新たな市場をつくりだした。

同社は、競争相手という脅威を排除し、事業を順調に発展させている。

4　個性を活かす三つのポイント

実際に経営に個性を活かそうとする際には、さまざまな課題が発生する。そもそも、だれのどのような個性をどのような形で事業に活かすのか、しっかりとしたビジネスプランを立

図5　個性を活かす三つのポイント

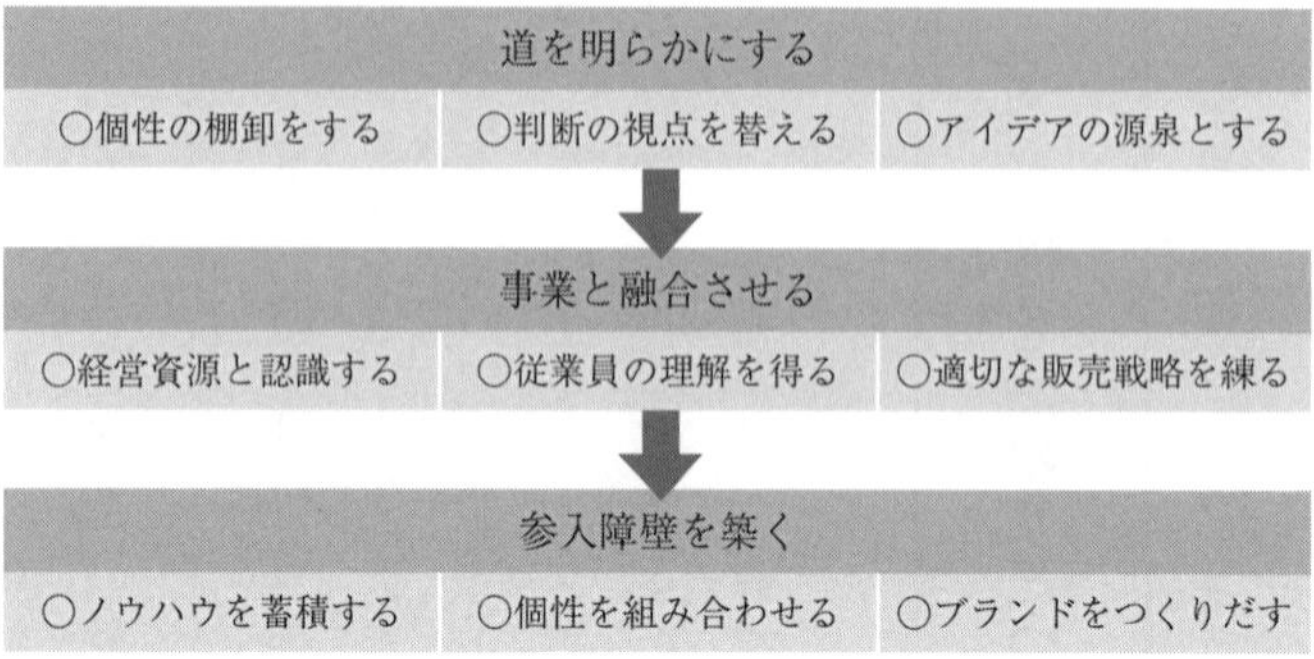

ていなければ、差別化どころか事業を維持することもままならない。以下では、事業化の一般的な流れに沿って、「道を明らかにする」「事業と融合させる」「参入障壁を築く」という三つのポイントを紹介する（図5）。

（1）道を明らかにする

顧客のニーズに応えていくうちに、いつの間にか他社と差別化されていたという企業も存在するかもしれないが、それは幸運なケースだろう。個性で他社との差別化を図ろうとする場合、どういった個性を活かし、どういった部分で違いを出すのか、事業や商品などの具体的なイメージを固めておくことが重要だ。

①個性の棚卸をする

まず、どういった個性をもっているのか知らなければ、取り入れる個性を決めることはできない。個性の棚卸をして自分の個性を確認しておこう。その際には、個性を「趣味・嗜好」と「性格・考え方」の二つに分けると考えやすくなる。

「趣味・嗜好」は分かりやすいものであるため、自分の「好きなこと」「やりたいこと」「できること」を列挙したり、過去に引き受けた仕事などから「楽しかったこと」を思い出したりすれば、すぐに気づくことができるだろう。

一方、「性格・考え方」は自分ではなかなか気づきにくいものである。身近な人に指摘してもらうという方法のほかに、過去の特別な体験や育った環境などを振り返り、その経験からどのような影響を受けたのかを考えてみると、自分にしかない特徴的な「性格・考え方」を知ることができるだろう。

例えば、(株)このみ（新潟県妙高市、従業者数二十九人、事例編④）の相浦孝行社長は、世間の常識にとらわれず自分の価値観に従って行動する人であるが、高校生のときに制服廃止運動に参加し「自分の気持ちを押し殺して後悔するよりも、結果がどうあれ、思いを表明して行動したほうが満足できる」と感じたことから、こうした考え方をもつようになったという。同社は相浦社長のこの性格を背景に、学校の制服に見えるけど実は私服という自由制服の取り扱いを始め、新ブランドも立ちあげている。

もっとも、経営者自身に活用できそうな個性が見つからない場合もあるだろう。事業は一人で行うものではないのだから、個性を見出す対象を広げ、従業員にも目を向けてみてほしい。従業員の趣味・嗜好や考え方などから新たな事業のヒントが生まれても、同じ効果が得られるはずだ。

②判断の視点を替える

一般に、企業経営の目的は利益の追求といわれる。したがって、新たな取り組みを実施するかどうかを検討する際は、どれだけ売上を増やせるか、どれだけ費用を減らせるか、といった利益に直結する事柄が、判断において優先すべき事項となりがちである。

しかし、他社と異なる事業を行うためには、ときには採算ベースに乗りそうにない事業や判断の参考となるデータがまったくないベンチャー的な事業などに、挑まなければならないこともある。誰もが躊躇《ちゅうちょ》するところだが、そんなときは、判断の基準を利益を上げるという視点から「趣味の分野に通じるから」「それが自分の性格だから」といった視点に切り替えてみるのも一手である。そのうえで、採算がとれるように取り組みを進めるなかで改善を図っていけばよい。

負けず嫌いであった山和土木興業(株)の山西社長は、ライバルがいなければ負けることはないという理由で、儲からないことを承知で他社が手を出さない高速道路の維持管理作業に取り組みはじめた。そして、取り組みを進める過程で赤字の原因を解消し、黒字に転換させただけでなく、ベランダ菜園キットという新商品を生み出し新たな収益源も獲得することに成功している。

③アイデアの源泉とする

何もない無の状態から新しいものを生み出すのは難しい。差別化のために事業や商品のどういった部分で違いを出すのか考える際には、創造のタネとなる何らかの問題意識やヒントが必要だ。タネとなりやすいのは現場が抱える課題や顧客のニーズなどで、それらに対応しようと試行錯誤するなかで新たな商品やサービスが生まれてくることがよくある。

ただ、当然のことではあるが、ライバル企業も現場が抱える課題や顧客のニーズなどから新商品や新サービスを検討するということは十分に考えられる。同じ課題やニーズに対し、業界の知識やノウハウをもとにした同じ発想で対応していては差別化には至らない。個性をもとにアイデアや方法を考えて、自社でしか取り組めないようなものを見つけだそう。

不動産賃貸業を営む吉原住宅(有)（福岡県福岡市、従業者数五人、事例編⑨）の吉原勝己社長は、所有する賃貸物件の築年数が三〇年を超え空き室の増加に悩まされていた。不動産業界では新しさが物件の価値を決める大きな要素となっており、入居率の改善を図るには物件を建て替えることが手っとりばやい方法であったが、吉原社長はその選択をしなかった。若手建築デザイナーたちに、空き室を自由にリノベーションさせるという方法をとったのである。このビジネスモデルは、地元・福岡の建築デザイナーは活躍する機会に乏しいという話を聞いた吉原社長が、その世話好きな性格から、彼らに表現の場を提供したいと考えて思いついたアイデアだ。流行のデザインや最新設備を取り入れてリノベーションされた物件は、おしゃれで快適に暮らすことができ、しかも、古い外観のもつ情緒や風情を楽しめる。新聞やテレビなどで紹介され、空き室がなくなったのはもちろんのこと、満室になっても入居の問い合わせが絶えないほどになっている。

(2) 事業と融合させる

個性を経営に投影しようとする際、最も気をつけなければならないのが事業との融合である。自身の趣味や好きなことから発想しているため、アイデアは浮かびやすいが、独りよがりなものに陥ってしまう恐れもある。事業として成功を収めるためには、趣味や特技などをうまく経営資源に転化することや従業員の協力を得ること、そして適切な販売戦略を立てることが大切になる。

①経営資源と認識する

新たな取り組みを始める際には情報やノウハウなどが必要であり、それらを集めるための人員や資金を手当てしなければならないこともある。小さな企業にとってはしばしば大きな負担となってしまうが、個性に基づく知識などを経営資源として活用すれば負担を軽減することができる。趣味や特技などに関する専門的な知識やノウハウ、自らの経験に基づくニーズや人脈など、それまでは経営の役に立つとは思われていなかったものが有用な経営資源となり、取り組みを効率的に進めたり余計なコストや時間をかけずにすませたりすることができるようになる。

オフィス向けの宅配弁当店を営んでいたレモン(株)(福岡県福岡市、従業者数十一人、事例編⑩)の秦善尚社長は、扱っていた弁当の中身をすべて健康に良いものに切り替えることにした。従来、自らが実践していた健康に良い食事を、多くの人にも食べてもらいたいと考えてのことである。これまでに身につけていた知識を活用してメニューづくりをするとともに、高価な無農薬野菜を使用するために増えてしまう仕入れコストを、通常なら捨ててしまう皮や葉なども使って野菜の廃棄率を減らすことで抑えた。皮や葉などを捨てずに野菜を丸ごと摂取することは、健康に良い食事をとるためのノウハウの一つだそうだ。やがて、健康に良い食事を手がける企業としての評判を勝ち得た同社は、現在、幼稚園や保育園からの給食を受注し子どもの健康を食事の面から支えている。

②従業員の理解を得る

個性をもとにした取り組みは従業員から反発される恐れがある。新たに課せられた仕事を負担に思うだけでなく、経営者の趣味などに巻き込まれることを懸念してしまうからだ。こうした従業員の反発を抑え、取り組みを理解してもらうための方法は三つ挙げられる。

一つ目は、経営者の思いを経営理念に込めて、従業員の共感を得ることである。共感を得ることができれば従業員も個性の持ち主と同じ認識をもてるため、積極的に取り組みに従事するようになるだろう。この方法で重要な点は、いかに具体的で事業内容にあった経営理念を掲げられるかであるが、取り入れる個性をベースに考えれば、「人に良い食事を提供する」という経営理念を掲げているレモン(株)のように、自然と出てくるようである。

二つ目は、個性を活用するメリットを経営上の観点から論理的に説明し納得してもらう方法である。企業の目的に合致した形で、なぜその取り組みをするのかを知れば、仕事の一環として取り組んでもらうことが可能になる。レモン(株)は、秦社長の思いに加えて、健康に良い弁当にすることで顧客との安定した取引が期待できるという経営上のメリットも説明し従業員の理解を得た。

三つ目は、取り組みに必要なノウハウや人材などを外部から調達して従業員に過度の負担をかけないようにすることである。最初は従業員の力を借りることができなくても、一定の成果や道筋がみえてくれれば、従業員の理解が得られ、協力体制を築くこともできるだろう。

③適切な販売戦略を練る

企業側は提供しようとする商品やサービスを明確に意識して取り組みを進めるのだが、顧客側がそれらをどうとらえているかは必ずしも明らかではない。商品・サービスがほとんど認知されていないといったことも考えられる。顧客の状況を探り、それに応じた販売戦略を練らなければならない。

まず、ニーズが比較的顕在化しているときは、顧客の求めている商品やサービスを自社が提供していることをうまく伝えられればよい。どのような顧客がターゲットであるかを見定め、適切なアプローチ方法を検討することが重要になる。

㈱このみの相浦社長は、自由制服の即売会を東京で開催するにあたって、ファッションに感度の高い女子学生にアピールするために、学生向けのファッション雑誌を活用することにした。しかも、読み飛ばされる恐れのある広告ではなく、きちんと誌面で紹介してもらえるよう、人気スタイリストのトークショーや制服のコーディネート対決など、読者の興味を引くようなイベントも考え出版社に企画書を送ったのである。最初は反応がなかったものの、あきらめずにアプローチし続けたところ、誌面で紹介してもらえることになり、即売会は大成功を収めた。その後、同社のホームページ閲覧数は月に百万件を超えるまでになり、自由制服の専門店出店に向けて大きな弾みとなった。

次に、ニーズがあるにはあるが、まだ顕在化していない状態である。自らの経験から、「こんなものがあればいいのに」と思って商品化したものの、市場ではまだ認知されていないといったケースだ。こうした場合は、理念やコンセプトを提示したり顧客とともに商品やサービスを開発したりする取り組みを通じて、顧客のニーズを顕在化させることが必要になってくる。

㈱はまおんの齋藤社長は、楽器演奏時に楽譜にすぐメモを書き込めるクリアブックを開発する際に、音楽仲間が在籍する地元の大学にニーズ調査への協力を求めた。すると、商品のコンセプトに同意してくれる学生は予想以上に多く、モニタリングの協力まで申し出てくれる学生も少なくなかった。齋藤社長は学生たちと仕様の詳細部分を詰めていくことで、真にニーズを満たす商品を開発でき、同時に消費者のニーズを顕在化させることもできたのである。

最後は、ニーズがまだ潜在している、あるいはほとんどないような場合である。このようなケースでは、焦らずに地道な情報発信を続けるなどして顧客のニーズを醸成するところから着手しなければならないだろう。

(有)コテージ・オブ・ウォームス（静岡県浜松市、従業者数三十五人、事例編⑤）の佐々木茂良社長は、趣味でもあるカントリーハウスを建てている。当初は、営業に走り回っても、なかなかお客は見つからなかった。当時はまだ、カントリーハウスの存在そのものが知られていなかったのだ。そこで、アンティークの小物を販売するカントリーハウス風の雑貨店をつくり、店内の一角にさりげなく建築コーナーを設置した。雑貨にこだわる人なら、インテリアや家具、ひいては住宅にもこだわるだろうと考えたのである。やがて、第一号となる顧客を見つけることができたが、依然としてニーズは小さいままだった。ニーズを少しでも大きくしようと、佐々木社長はレストランやギャラリー、菓子店、ミュージアムを次々と建てオープンさせた。今ではカントリーハウスが建ち並ぶ話題のスポットとなり、関心のある人が各地からやってくるため、営業活動をせずとも注文が入ってくるようになっている。

(3) 参入障壁を築く

いくら個性によって差別化に成功しても、それが有望な事業だということが世間に知られると参入しようとする企業が現れるかもしれない。少しでも追随を許さないようにするためには、次の三つに取り組み、高い参入障壁を築くことが有効だ。

①ノウハウを蓄積する

参入に対抗するためには、事業を効率的に行うことができるノウハウを蓄積し、先行優位を発揮することが重要となる。しかも、事業の遂行にかかるノウハウだけではなく、競合が現れても大丈夫なように、個性をどのように活用すれば最も効果的かといったノウハウも蓄積する必要があるだろう。

カントリーハウスを建てている(有)コテージ・オブ・ウォームスの佐々木社長は、若いころから海外に出かけては実際に本物を見て自分の手でも触れている。そして、そのときの経験を日本でカントリーハウスを建てる際に役立てているという。つまり、カントリーハウスは現地の気候や文化などが反映されたものであり、そうした条件が異なる日本で建てると住み心地は非常に悪くなるのである。カントリーハウスの背景を踏まえて日本に相いれないデザインや設計をどうアレンジしていくか、同社は建築実績を重ねることで、そのノウハウを蓄積している。

②個性を組み合わせる

ノウハウを蓄積していても、他社が時間をかけて取り組めば、やがて追いつかれてしまうことになる。しかし、複数の個性を組み合わせて事業に組み込めば、その分だけより個性的な事業となるため、真似される可能性は低くなるだろう。

食料品の卸売業を営んでいた三ッ倉和雄社長は、市長から依頼されて、地元の伝統工芸品である曲げわっぱを製造する(株)大館工芸社（秋田県大館市、従業者数二十九人、事例編②）の社長を引き受けた。しかし、増加傾向にあった売上は景気の悪化もあって減少しはじめる。曲げわっぱに関して素人だった三ッ倉社長は、流通の現場で身につけた消費者目線の考え方を発揮し、高齢者が使いやすい曲げわっぱや、若い人にも支持されるデザインの曲げわっぱを開発した。併せて、目立ちたがりという、もう一つの個性をもとに積極的にメディアへの露出を試みた。三ッ倉社長の個性を組み合わせた取り組みは、ややもすれば閉鎖的になりがちな職人の世界に革命を起こし、業界内で独自の存在感を発揮し続けている。

③ブランドをつくりだす

個性をもとに差別化した事業の市場規模はそう大きくはならない。想定される顧客が、その業界のなかでも、さらに限られた一部となることもある。そうした顧客は、ときに「共感者」「同好の士」といった言葉でくくることができる。顧客のニーズに適切に応え、信頼を獲得していけば、顧客同士の情報交換などを通じて、安心して取引できる企業というブランドイメージが生まれ、簡単に取引先を替えられるようなことはなくなるだろう。

保育士としての勤務経験もある浜田社長の子ども好きという個性が原点となってつくられている(株)なかよしライブラリーのおもちゃは、安全で手触りがやわらかく、発育にも役立つとして、子どもをもつ親だけでなく保育園や幼稚園からも注文がくる。さらには出産祝いの贈答品としても利用されるほどだ。同社は、安全性とやわらかい手触りを追求するため、使用する材料にこだわり、製造過程にも手数をかける。地元の高級木材であるヒノキを丸太の状態で仕入れ、人体に無害な接着剤や塗料を使い、手触りを確認しながら一つ一つ仕上げていく。コストや手間暇がかかるため、価格は決して安くはなく万人向けではないが、それでも、同社のものづくりの姿勢やおもちゃに込められた子どもへの愛情に共感した人たちは、同社からおもちゃを購入する。

5　個性でかがやく企業へ

　ここまで、個性を源泉にして差別化を図ることについて述べてきたが、そのエッセンスは、近ごろ新連携や農商工連携といった名称で行われている異業種連携と同じである。つまり、今までの事業になかった価値を新たに加えるということであり、付加する新たな価値を、異業種連携では外部の企業に求めているのに対し、本稿では人間のもつ個性に求めているのである。もちろん、外部の企業と人間の個性のどちらが新たな価値を加えるのに役立つかは、事業との相性もあり、一概にはいえない。

　ただ、外部の企業との連携は、すでに世間で認識されている事業上の強みを結びつけようとするのに対し、個性の活用は、事業に役立つものとして認識されていなかったものを結びつけようとする。思いもよらなかった個性が、思いもよらなかった価値を生み出し、社会に大きなインパクトを与えることも十分に考えられる。

　また、個性を活かすということは、趣味や性格などの私的な部分を前面に押し出して仕事に取り入れることである。関心のあることや得意なことなどを、自分に適したやりやすい方法で行うため、ストレスを感じることなく自然体で取り組める。仕事量の増加に伴い労働時間が増えてしまっても、つらさを感じることは少なく、むしろ喜々として仕事をすることもある。さらには、「好きこそものの上手なれ」の言葉どおり、新たな知識やノウハウなどの吸収が早くなり、創造性や自主性も発揮される。やらなければと思い渋々とする仕事と比べて、その成果には当然のように差が出てくる。

人間の個性は自然に備わり自然に発露されるものであるが、こと経営の現場においては抑制すべきものとしてとらえられがちだ。しかし、個性は小企業が新たな価値を生み出し差別化を果たすための魅力的な源泉となる。個性を活用することで、小企業は世の中に埋没せず燦然《さんぜん》とかがやく企業になれるだろう。

（井上　考二）

注

（1）このほかに「集中」も基本戦略として挙げられているが、これは、業界全体ではなく特定のターゲットだけを対象とすることで「コストのリーダーシップ」「差別化」を実現しようとする戦略である。

（2）アンケートの設問では明確な定義をせず、「ターゲットとする顧客層が違う、商品やサービスに他社にはない付加価値がある、特別な経営管理の仕組みがあるなど」と、いくつか例示するにとどめた。
（3）調査時の景気動向は二〇〇九年三月を谷とした回復局面となっている。
（4）古書店の事例は岡崎武志（二〇〇八）『女子の古本屋』（筑摩書房）を参照した。

【参考文献】

岡崎武志（二〇〇八）『女子の古本屋』筑摩書房
マイケル・ポーター著、土岐坤・服部照夫・中辻万治訳（一九九五）『競争の戦略』ダイヤモンド社

第Ⅰ部　事例編

事例一覧

㈱はまおん	㈲コテージ・オブ・ウォームス	㈱このみ	㈱十文字リーディングカンパニー	㈱大館工芸社	㈲アート宅建	企業名	
文具や楽器などの販売	一般住宅、店舗の設計・施工	ファミリー向けの衣料品の販売	道の駅の運営	曲げわっぱの製造	不動産売買・賃貸の仲介	従来の事業内容	
音楽好き	カントリーハウス好き	常識や慣習にとらわれない	周りの人を巻き込んで行動する	消費者目線の視点 目立ちたがり	逆境でも前向きに考えられる 絵画好き	経営に活かした個性	
趣味・嗜好	趣味・嗜好	性格・考え方	性格・考え方	性格・考え方	性格・考え方	個性のタイプ	
楽器演奏時の便利グッズの開発	カントリーハウスの設計・施工	自由制服の製造・販売	地元客が来る道の駅	新たな用途や斬新なデザインの曲げわっぱの製造	不動産の任意売却の仲介	個性で実現した差別化の内容	
						強みを強調する	事業への組み込み
○			○	○	○	弱みを克服する	
	○	○		○		機会を利用する	
			○			脅威を回避する	
○						個性の棚卸をする	道を明らかにする
		○	○		○	判断の視点を替える	
○				○		アイデアの源泉とする	
○	○				○	経営資源と認識する	事業と融合させる
			○	○		従業員の理解を得る	
○	○	○	○	○	○	適切な販売戦略を練る	
	○				○	ノウハウを蓄積する	参入障壁を築く
				○	○	個性を組み合わせる	
○	○	○			○	ブランドをつくりだす	

企業名		㈱長崎書店	㈱創新	レモン㈱	吉原住宅㈲	㈱なかよしライブラリー	山和土木興業㈱
従来の事業内容		書籍の販売	コインパーキングの施工・管理	宅配弁当の製造・販売	不動産の賃貸	木製雑貨の製造	測量業務
経営に活かした個性		美術館好き	全体像をイメージして行動する習慣	健康によい食事へのこだわり	世話好き	子ども好き	負けず嫌い
個性のタイプ		趣味・嗜好	性格・考え方	趣味・嗜好	性格・考え方	性格・考え方	性格・考え方
個性で実現した差別化の内容		地元芸術家の作品を展示するギャラリーのある書店	コインパーキング事業のコンサルタント	子どもの健康づくりに役立つ給食の提供	若手デザイナーがリノベーションしたおしゃれな不動産の賃貸	安全に遊べる木のおもちゃの製造	ベランダ菜園キットの販売
事業への組み込み	強みを強調する	○			○	○	
	弱みを克服する		○		○		
	機会を利用する					○	
	脅威を回避する			○		○	○
道を明らかにする	個性の棚卸をする	○		○		○	○
	判断の視点を替える			○		○	○
	アイデアの源泉とする	○	○		○		
事業と融合させる	経営資源と認識する			○		○	
	従業員の理解を得る	○	○	○			○
	適切な販売戦略を練る			○	○	○	
参入障壁を築く	ノウハウを蓄積する		○	○			
	個性を組み合わせる						
	ブランドをつくりだす			○	○	○	

1

不動産の仲介業務を通して再出発を応援する

(有)アート宅建

〈企業概要〉

代表者	高島　繁
事業内容	不動産売買・賃貸の仲介、 絵画の販売
創業	2003年
従業者数	2人
所在地	北海道函館市松川町6－1
電話番号	0138(44)3020
URL	http://art.cbiz.co.jp

代表取締役　高島　繁

逆境にある相談者の再出発のため

―任意売却を中心とする不動産仲介業をされていると聞きました。

任意売却とは住宅ローンなどの借入金の返済が難しくなったとき、抵当権などを設定している債権者の合意を得て、不動産を売却することです。

不動産を売却する場合、当然抵当権などを解除する必要があります。その際、借入金の残高よりも高く売れれば問題はないのですが、残高を下回る金額でしか買い手がつかないときは全額は返済できません。そこで、債権者である金融機関などと交渉し、返済し切れない債務を残したままで抵当権などを解除してもらって不動産を売却するわけです。

任意売却は、売主である債務者だけでなく債権者にもメリットがあります。強制的な競売に比べれば、たいてい売却金額が高くなりますし、残った債務についても柔軟に交渉する余地が残されるからです。

もちろん、任意売却を検討するような状況にならずにすむに越したことはありません。しかし、景気が本格的に回復しないなかで、収入の減少や失業により住宅ローンなどの支払いに苦悩する方が増えているのが現状です。

―どのようなかたちで収入を得ているのですか。

不動産業者が行う任意売却には、宅地建物取引業法が適用されます。そのため売却価格の三％に六万円を加えた仲介手数料のみが収入になります。もし買い手がつかなければ収入はありません。

いうまでもなく任意売却は、通常の不動産売買の仲介業務より手間がかかり、ストレスもたまる仕事です。短期間で売却しなければ競売に移行することも多いためスピードが要求されます。それに、市場調査をするための不動産の知識だけでなく、債権者と交渉するための金融や民法の知識も求められます。手間暇の割にもうけは同じですから、大手の同業者などは敬遠しがちな仕事です。

でも売買を成立させたときの達成感は通常の仲介業務の比ではありません。現在では手がける業務の六割以上が主に住宅の任意売却となっています。任意売却に携わるたびに感じるのは、この仕事は自分に合っているなということです。

からです。

——どういうことでしょうか。

自宅を手放さざるをえないという厳しい状況にある人たちの再スタートの手助けができるからです。

わたしは北海道夕張市で八人姉弟の末っ子として生まれました。幼いころに両親と死別し、姉に育てられたのです。

ひどく貧しい生活でしたが、姉たちの愛情を感じていました。自身の進学をあきらめ姉弟で唯一の男子であるわたしを定時制高校まで進学させてくれるなど、子どもながらに感ずるところは少なくありませんでした。姉弟仲良く、温かい雰囲気のなか暮らしていました。

もちろん友人の家庭と比較すると貧しさを意識しないわけにはいきません。しかし、貧しさのなかにあっても、日々の姉たちとのささいなやりとりに幸せを感じていましたし、大好きな絵を描いているときは、すべてを忘れて没頭したものです。いつしか、逆境と呼ばれるような状況にあっても、世の中悪いことばかりではないなと、物事を前向きに考えるようになっていきました。だから、自宅の売却を迫られ、ともすれば家庭の雰囲気までも悪くなりがちな人たちをほっておけないのです。

家族と暮らすため未経験の分野へ

―学校を卒業後すぐに不動産業界に入ったのですか。

いいえ。はじめは、静岡県で文具問屋に勤めながら夜間大学に通いました。その後は静岡の浴槽メーカー勤務を経て、北海道に戻ります。システムキッチンなどを扱う住宅機器メーカーで札幌、釧路、函館の各営業所を回りながら二十年ほど所長を務めました。

函館勤務となって五年目のある日、再び転勤の内示を受けます。当時長男は中学生で、高校進学のことを思うと転校は難しい状況でした。とはいえ、家族と離れて単身赴任することも考えられません。家族と一緒に過ごす時間が何よりも大切だからです。

そこで、二〇〇二年に四十六歳で会社を辞め、一年間勉強して宅地建物取引主任者の資格を取得後、不動産仲介業を始めました。この仕事を選んだのは、住宅機器メーカーでの営業経験を活かせると考えたためです。また資金の準備が十分ではないなかで、不動産仲介業なら初期投資が少なくてすむことも理由の一つでした。

未経験の事業で独立すること、収入が減るかもしれないことなど、不安は尽きません。それでも何とかやっていけるだろうと前向きに考えるようにしました。

―独立してみていかがでしたか。

覚悟はしていましたが、予想以上に厳しい状況でした。

当初は戸建住宅の売買や賃貸アパートの仲介などの業務をしていました。一般的に、不動産仲介業においては立地や築年数などの条件の良い物件を数多く取り扱っていることが重要です。どうしても地場密着の老舗の会社や大手の会社が有利になります。

一方、当社は後発で、函館には地縁が少ないこともあって、苦心する日々が続きました。

そんなある日、不動産を売りたいという方がやってきました。いろいろと事情を聞いてみると、どうもローンの返済に困っているようでした。ほかの不動産仲介会社にも依頼していたようですが、面倒がられてなかなか話が進まなかったようです。

任意売却の経験はありませんでしたが、関連する書籍を読んだり、懇意にしていた同業者にアドバイスをもらったりして、話を進めました。なにぶん不慣れで債権者などとの調整に手間取り、半年ほどかかりましたが、最終的には交渉をまとめることができました。

過去の経験を任意売却に活かす

——苦境を脱する糸口を見つけたのですね。

ただ、任意売却に本格的に取り組もうとすると、課題も見えてきました。最大の課題は、いかに相談者と信頼関係を築くかということでした。わたしがこの仕事を通してやり遂げたいのは、相談者に任意売却をきっかけにして再出発してもらうことです。そのためには相談者の信頼を得て積極的に協力してもらう必要があるのです。理由は大きく二つあります。

第一に、相談者が非協力的だと不動産が売れにくくなるからです。例えば、購入希望者が物件を見学する際には、現在の住人と会ってみたいというケースがよくあります。一方で相談者のなかにはどこか負い目を感じ、人とのかかわりを避けたいという方が少なくありません。そうした気持ちを抑えて、購入希望者の都合に合わせ柔軟に時間調整ができるかどうか。ささいなことですが、こうした対応の積み重ねが成約の可否を大きく左右するのです。

第二に、本当の意味での再生を図るためには、全てをさらけ出してもらう必要があるからでもあります。住宅ローンの支払いに苦しむ人のなかには、消費者金融などからの借入が膨らんでしまう方もいます。これらの借入は、本人の申し出がないと把握できません。せっかく返済計画をまとめても、隠れた借入金の返済負担が大きければ、すぐに全体の支払いが厳しくなってしまいます。結局、自宅を手放しても何ら再生が図れないことになってしまうのです。

ですから、わたしは任意売却の相談を受けた段階から信頼を得られるよう努めています。まず、相談者の不安を和らげ、新たなスタートを切るのだという自覚をもってもらいます。例えば、相談者には方針について十分な説明をし、今よりも負担の軽減が図れることを具体的に伝えるのです。こうすることで、これならやっていけるという見通しをもってもらうようにしました。この先自分がどのようにして借入金を支払いながら生活していけばよいのかわからないと不安になります。でも、この不安が取り除かれると、自然といま何をしなければならないか考えるようになるものです。

それでも信頼を寄せてくれないなら、わたしも自らが歩んできた道のりを包み隠さずさらけ出し、理解を求めます。わたし自身、過去にはお金に苦労した経験がありますが、周囲の支えもあり、何とかここまでやってきました。苦労を乗り越えてきた者の言葉であるからこその相談者の心にも響くのでしょう。悪いことばかりではないと考えて一歩を踏み出してくれるきっかけになると思うのです。

――ほかにはどのような課題がありましたか。

専門分野への対応も課題でした。消費者金融などからの借入が膨らんでしまった場合には、債務整理など、司法書士や弁護士といった法律の専門家にしか対処できない業務を伴います。ところが専門家への橋渡しをしようにも、ホームページなど情報が多すぎて、だれを選べばよいか、すぐには決めかねました。専門家ごとに業務への取り組み姿勢や得意分野は異なるはずですが、掲載されていた内容はどこも似たようなものに思えたからです。

そこで、まず事前に得られる情報を頼りに、相談者と一緒に何人かの専門家に絞り込みました。そして、専門家の話を聞く際には、わたしも同席し直接会って考え方などを確認するようにしたのです。営業の経験が長かったので人を見る目には自信があります。そのうえでこの人ならと思える専門家に対応をお願いすることにしました。こうした経験を重ね、徐々に専門家とも連携を図れるようになったことで、相談者との橋渡しも円滑に行えるようになっています。

――取り組みの成果はいかがでしたか。

相談からアフターフォローまで、任意売却に向けた体制を整備できたことで、取り扱い件数、成約件数ともに順調に増えてきました。

また、新たな取り組みも始めています。任意売却の相談が増える一方で、一般物件の買い手が見つかりにくくなっていたからです。特に建売住宅はほかとの差別化が難しいので、付き合いのある地元の建設会社からもよく愚痴を聞かされました。

そこで目をつけたのが絵画です。わたしは幼いころから絵を描くのが好きで、市のコンクールで入賞したこともあります。紙と鉛筆があれば絵の世界は無限に広がっていきます。

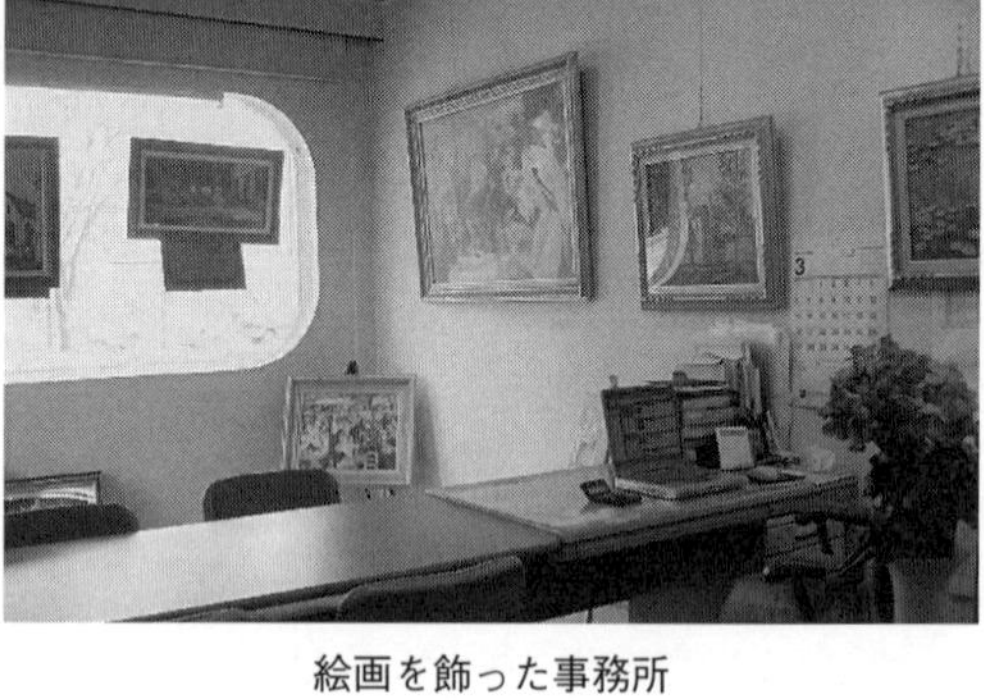
絵画を飾った事務所

これまでもインターネットで複製画などを販売していましたので、事務所の壁にかけられた絵画を眺めながらふと、絵画を飾ることを前提に設計された住宅を提供してはどうだろうかと考えたのです。描くのはお手のものですから、簡単なイメージ図をつくり建設会社に持ち込んでみました。そうしたところ、面白いアイデアだとしてとんとん拍子に話が進み、販売を任せてもらえることになったのです。

二〇〇六年から売りに出したこの住宅は、家族とのだんらんを大切にしてほしいとの思いを込め「アトリエ」と名づけました。室内に絵を飾るピクチャーレールをつけ、オープンハウスの際には絵を飾り、入居者にはお好きな絵画を贈呈させていただいています。

任意売却において相談者の再出発を応援していることや、住宅と絵画の融合といったユニークな取り組みをしていることが相乗効果を生みました。地元の各種メディアに取り上げられる機会も増えてきたのです。これが追い風になり、新たな相談も増えています。

不慣れな不動産業界での独立で当初苦労もしましたが、自分の信じること、好きなことに取り組んだ結果、事業に道筋をつけることができました。今後はできることなら、任意売却を迫られるような方が少なくなり、その結果として、当社も絵画や住宅の販売割合を高めていけたらと思っています。

取材メモ

好きな絵画を尋ねると高島社長は「ルノアールの『雨傘』だね」と優しく答えた。人間の内面にある豊かさと自然の躍動する光とにこだわったとされる柔らかなタッチの作品で、伝統的技法と革新的表現が混在する作品としても知られる。高島社長にぴったりの感がした。

貧しさに直面したことがその後の人生観に影を落としてしまう人は少なくない。しかし、高島社長はその経験を糧にして地域とのつながり、人とのつながりといった伝統を大切にしながら、再出発を応援する任意売却、住宅と絵画の融合という革新に取り組んできた。

経営者を取り巻く環境は変化を続けるが、変わらぬ経営者の個性は経営に独自の彩りと輝きを添える。高島社長の躍動する筆はその運びを止めることはない。

（石原　裕）

2

曲げわっぱの技と魅力を次世代に伝える

(株)大館工芸社

〈企業概要〉

代 表 者	三ッ倉 和雄
事業内容	曲げわっぱの製造・販売
創　　業	1997年
従業者数	29人
所 在 地	秋田県大館市 釈迦内家後29－15
電話番号	0186(48)7700
U R L	http://www.magewappa.co.jp

代表取締役　三ッ倉 和雄

大館の宝

―曲げわっぱをつくっていると伺いました。

曲げわっぱとは、天然秋田杉の薄板を曲げてつくる、弁当箱や重箱などの容器のことです。軽い、手触りがやわらかい、熱を伝えにくい、丈夫といった特長があります。材料は、大館で多く採取される樹齢百五十年超の良質な天然の秋田杉です。樹齢が若いものは、木に粘りがないため、曲げるときに折れてしまいます。

曲げわっぱの歴史は古く、平安時代の遺跡からも発見されています。本格的な生産がはじまったのは、約四百年前からです。一六〇二年に水戸から秋田へ移ってきた佐竹義宣《よしのぶ》公が、武士の副業として曲げわっぱの生産を奨励したことが起源だといわれています。

また、秋田県は民謡が盛んな地域です。そのなかの一つ「秋田音頭」にも曲げわっぱが歌われるなど県民の生活に深く根差しています。いわば郷土の誇りであり、宝です。一九八〇年、経済産業大臣から伝統的工芸品にも指定されました。さすがに昔に比べると機械化が進んでいますが、まだまだ手作業の工程は多く、一つの商品ができるまでには、材料の加工からで約一カ月、準備期間を含めると半年を優に要します。

当社の製造工程を例に説明しましょう。まず、仕入れた原木を二メートルの角材にし、それから板材にします。六カ月間自然乾燥させ、必要な部材を取り、八〇度から一〇〇度の熱湯に二時間ほど浸《つ》け、やわらかくします。熱湯から出してすぐに型にはめ、二、三日間乾燥させます。型から外し、接着して、桜皮で縫ってとめ、底板をはめると形の出来上がりです。ここからさらに、塗装と磨きを三回繰り返し、室温を一定の温度に保った部屋で乾燥させます。

当社では、弁当箱や重箱などといった定番品に加え、銚子や猪口《ちょこ》といった酒器、コーヒーカップ、皿などの商品もつくっています。また、茶会でつかう干菓子盆などといったオーダーメードにも対応しています。商品の数は百種類を超え、今では地元だけでなく、日本全国、海外へも出荷しています。

―もともと三ッ倉さんは別の事業をされていたそうですね。

わたしは食料品の卸売業を営んでいました。祖父が一六年

桜皮で縫ってとめる工程

にはじめた会社です。二代目が父で、三代目がわたしです。

父は社長の仕事をこなしながら、商店街振興組合理事長を務めるなど、地域の顔役的な目立つ存在でした。もともと大きな町ではないので、ほとんどの人が父のことを知っていて、わたしもよく声をかけられました。何をするわけではないのですが、自然と周囲から注目される存在だったのです。気恥ずかしさはありましたが、そんな状況が誇らしくもありました。ですから、幼いころから父はあこがれの存在で、父に近づきたいと思うようになっていました。

そうした影響もあって、七〇年に父の後を継いだわたしは、同業者と差別化を図るにはとにかく目立とうと、裏方というイメージが強い卸売業にあっても積極的に表舞台に立ちました。例えば、スーパーなどで商品を陳列したり、店頭に立って売り子をやったりするなど、当時はまだ誰もやっていないような営業手法を実践したのです。そこで、実際に消費者と接することで多くのことを学びました。消費者の声を商品選定や陳列方法などに活かすことで、売上が大きく変わります。卸売業といえども消費者を意識した経営をしなければならないことを痛感しました。

また、事業の傍ら、父と同様に商工会議所やまちづくり協議会の役員を務めるなど、さまざまなところに顔を出していました。

―その三ッ倉さんがどのような経緯で曲げわっぱの会社に入ることになったのですか。

そのためにまずは当社の沿革からお話ししましょう。

当社は、五九年に堺谷哲郎さんが起こした会社です。五九年創業というと古く感じるかもしれませんが、曲げわっぱをつくる会社としてはかなり後発です。しかし、堺谷さんは、職人が一つ一つ手づくりしていた曲げわっぱの世界に、分業と機械化を導入したことで大きな存在感を発揮するようになりました。同時に営業にも力を入れ、全国の百貨店や大手卸売問屋などに対して販売網を構築していきました。その結果、曲げわっぱの名が広まっていったのです。

ところが九七年になると、堺谷さんが廃業を考えているといううわさが駆け巡りました。事業は順調だったものの、高齢の堺谷さんには後継者がいなかったからです。

曲げわっぱといえば、大館工芸社といわれるほどまでに存在感は高まっていたにもかかわらず、会社がなくなってしまうのは、大館にとって大変な痛手です。従業員の雇用や取引先への影響といった経済的な損失以上に、地元大館の顔を失うことになるからです。

そこで、市や商工会議所、商工会などが中心となって、地元の出資を募り、同じ名前の別法人を立ち上げ、事業承継させることになったのです。新社長には曲げわっぱの職人ではなく、地元大館の経済界を代表する経営者をピックアップし、その一人としてわたしに白羽の矢が立ちました。市長から直接依頼され、九七年一二月に承諾しました。

足りないものは消費者目線

―社長就任に迷いはなかったのですか。

確かに、経営に関してはプロだという意識がありました。ただ、曲げわっぱは職人の世界です。素人のわたしが、大館の顔ともいえる会社の社長を引き受けてもいいのだろうかと、思い悩みました。食料品卸売会社は続けていましたので、二足のわらじをはく形になります。しかし、最終的に、持ち前の何にでも首を突っ込みたくなる性格も手伝って、地域の宝ともいえる曲げわっぱをさらに盛り上げたいとの気持ちが強まり、引き受けることにしたのです。

従業員と設備の多くを引き継ぐことができ、円滑に新会社への事業の引き継ぎは進みました。とりあえず従来のやり方のまま、従業員に経営を任せました。すると、増加傾向にあった売上が伸び悩むようになりました。さらに景気の悪化が重なり、ついには下降線を描くようになったのです。やはり堺谷さんあっての事業ではなかったのか。正直、少し後悔しました。しかし、いったん引き受けた以上、投げ出すわけにはいきません。自分にできることを精一杯考えてみました。

たまに県外の展示会などへ出展してみると、驚いたことに曲げわっぱのことを知らない人が多く存在しました。確かに曲げわっぱの名は広まっていたのですが、伝統工芸品好きの中高年の人が中心だったのです。商品といえば弁当箱など定番のものばかりで、用途やデザインは限られていました。

曲げわっぱは職人の世界で、つくり手の考えが優先されます。わたしが卸売業に身を置き、流通の現場で実践してきた消費者目線を意識した取り組みこそ必要なのではないだろうか。そうすれば、愛好家だけでなく、多くの人に受け入れられる曲げわっぱになると考えたのです。やるべきことが見つかりました。二〇〇〇年に食料品卸売業の会社を閉じ、当社に専念することにしたのです。

―まず何からはじめたのですか。

高齢者に目を向けました。わたし自身、両親の介護で使う食器に困った経験がありました。市販のものは、重い、壊れやすい、熱いものを入れると熱くてもてないなど何らかの問題がありました。そんなこともあり曲げわっぱを使うことを思いついたのです。曲げわっぱには軽くて、丈夫で、熱が伝わりにくいといった特長があります。力が衰えた高齢者でも簡単にもつことができますし、熱が伝わりにくいので、熱いものが入っていても、あわてて落とすようなこともありません。開発に当たり、手にひっかかりやすくするために形に工夫を凝らしました。使い手のことを徹底的に考えた逸品です。二〇〇八年より販売をはじめ、順次改良を重ねています。

高齢者向け食器の開発で、経済産業省の地域資源活用の認定を受けました。公的なお墨付きをもらうとともに、新聞などのメディアへの露出も狙いでした。目立ちたがり屋の性格から、取材の要請があれば積極的に対応しており、宣伝につながっています。

―ほかにはどんな取り組みをされたのですか。

多くの方に曲げわっぱを身近で使ってもらえる商品開発です。そのためには食卓に映える斬新なデザインが必要だと考えました。ただ、社内でデザインのアイデアを募ると、消費者が求めるものよりも、自分の技術を見せたいという思いを優先してしまいます。また、製造工程を意識してしまうため、どうしても枠にはまったアイデアしか生まれてきません。これでは消費者の目を引くことなどできません。そう考え、あえて曲げわっぱに縁がなく、空間や素材を活かす建築デザイナーに商品企画やデザインを依頼しました。

新商品のなかで人気を集めているのは、八の字の形をした二段重ねの弁当箱「花」です。広げて交差させると花が咲いたようになり、食卓を美しく彩ります。二〇〇九年に東京で開催された経済産業省主催の「ＮＩＰＰＯＮ　ＭＯＮＯ　ＩＣＨＩ」において、来場者投票で一位に輝きました。ほかにも、四つ葉のクローバーや雲をイメージしたデザインなど、見た目も華やかで斬新なものが注目されています。伝統を受け継ぎつつ、現代風にアレンジすることで若い人からも支持されるようになってきました。

花が咲いたようにみえる弁当箱「花」

芽吹き成長し続ける

―新しい取り組みには、従業員の協力が欠かせないと思いますが、反発はありませんでしたか。

工程が複雑になるなど、負担が増えたことで、少なからず反発はありました。ですが、従来のやり方を続けていても、当社は成長しないことは明白でした。従業員に理解してもらうには、消費者と接することで現状を認識してもらうことが効果的だと考えました。そこで展示会などへは、営業の担当者だけでなく、工場で作業する従業員も同行させています。

最近では、伝統の技を次世代に伝えるため、若い従業員を徐々に増やすとともに、教育にも力を入れています。当社に現在四人いる伝統工芸士を、今後増やそうと資格取得を奨励しています。一人前になるまでに十年はかかりますので、簡単ではありません。ですが、取得すれば職人として箔《はく》が付きますし、待遇もよくなりますので、モチベーションの向上につながっています。

―成果はいかがですか。

従業員の発想やものの見方が変わり、いまでは、消費者が使うにはこうしたらいいのではないかといった視点で、現場から声があがってくるようにもなりました。本当の意味で、ものづくりの楽しさを発見したといえるでしょう。

売上にも成果は表れています。斬新なデザインの弁当箱は、弁当男子ブームにものり、若い年齢層にも広がっています。相乗効果で、既存の商品も手に取ってもらえるようになりました。直近の決算では、わたしが事業を承継したときの水準に戻しています。

伝統工芸品だからわかる人に買ってもらえばいいという時代は終わりました。多くの消費者に曲げわっぱの魅力を伝えられるように、自らが市場やライフスタイルに合わせて変わっていく部分も必要なのです。

曲げわっぱは四百年の歴史を刻んだ、いわば樹齢四百年の木です。これからも絶えず新しい芽を出しながら、曲げわっぱという大きな木を、さらに大きく成長させていくつもりです。

取材メモ

記録的な猛暑が続いた二〇一〇年の夏のある日、同社を訪問した。昨今、クールビズが主流となっているなか、社長の三ッ倉さんはネクタイを締め、上着を着て出迎えてくれた。伝統を重んじる堅実な印象を受けたが、実際に話を伺ってみると、温和で、柔軟な発想の持ち主でもあった。

三ッ倉さんは、建築デザイナーを起用したり、展示会などへ工場で作業する従業員も同行させたりするなど、職人主導の曲げわっぱの世界では想像できない斬新な取り組みを次々と実践していった。その根源にあるのは、三ッ倉さんの目立ちたいという思いと、流通業に携わるなかで体に染みついた消費者目線の意識だ。

伝統の技をしっかりと引き継ぎながら、消費者目線の意識を得て攻めに転じた同社。その取り組みは、伝統工芸に限らず、伸び悩んでいる多くの業界においても、経営者の個性が停滞状況を打開し、企業を活性化させる一つの鍵となることを示している。

（髙橋　秀彰）

3

地元の人が元気になれる道の駅

(株)十文字リーディングカンパニー

〈企業概要〉

代表者	小川 健吉
事業内容	道の駅の運営
創業	2007年
従業者数	8人
所在地	秋田県横手市 十文字町海道下21－4
電話番号	0182(23)9320

代表取締役社長　小川 健吉

駅長は元町長

―まず、こちらの道の駅の概要を教えてください。

当社が運営する道の駅十文字は、秋田県横手市十文字町にあります。約百台分の駐車スペースを備え、産直コーナーを中心にコンビニエンスストアやレストランを運営するなど、世間一般にイメージされる道の駅と大きくは変わりません。ただ、第三セクターによる運営が目立つなか、当駅は東北地方では初となる完全民営の道の駅として二〇〇七年九月にオープンしました。また、市街地に立地している点、多目的ホールを設けている点も当駅の特徴といえるかもしれません。

道の駅ですから施設の責任者は店長でなく、駅長と呼ばれます。駅長は運営主体が外部から招いて雇用しているケースも多いのですが、ここではわたしが運営会社の社長と道の駅の駅長を兼務しています。

当駅の売上の大半を占める産直コーナー「ふれあい直売十文字」には、横手市の名産である、さくらんぼ、りんご、すいか、アスパラガスなどをはじめ、地元の産直会員が丹精込めてつくった農産物や加工品が数多く並んでいます。これらの商品は会員になった生産者であればだれでも出すことができ、自由に価格も決められます。ただし、商品の管理や販売を担当するのは当社のスタッフで、その手数料として売上の一五％を当社がいただくという仕組みになっています。

二〇一〇年の実績でいうと、産直コーナーで商品を購入した人だけでも、年間延べ約七十四万人に達しました。このデータをもとに来場者を試算すると、約二百万人になります。横手市の人口が約十万人、この十文字町に限ると約一万四千人ですから、非常に集客力が高いことがわかると思います。

道の駅というと、疲れたドライバーが休憩するための施設であると同時に、その地域の文化や名産品に触れることができる観光スポットというイメージをもつ人も多いかもしれません。実際、当駅にも多くの観光客が訪れるのですが、同様に地元の人もよく集まることが来場者数を支えて

道の駅十文字

います。

――どういった経緯で駅長に就任したのですか。

もともとわたしは、二〇〇五年に横手市と合併した旧十文字町で町長を務めていました。在職は二〇〇〇年からの二期五年で、実は道の駅をつくる構想もその間にまとまった話です。ただ、わたし自身は、合併後には家業の農業に専念するつもりで、道の駅の経営に携わることはまったく考えていませんでした。ところが、いざ構想が具体化し実現に近づくと、社長のなり手が見つからないのです。うまくいくかどうかわからないうえに、期待と責任は重くなりますから、尻込みするのも当然です。やむなくわたしが引き受けることにしました。

当時の十文字町は、地方の多くの町で見られるように、高齢化、過疎化になかなか歯止めがかからない状況でした。地域の人々も家に閉じこもりがちで、元気を失いつつありました。ですから、道の駅を通じて、町長時代のように地域を元気にする手伝いをもう一度したいという思いもあったのです。

地元に目を向ける

――町長時代とは違った苦労もあったと思います。

当初は会員がなかなか集まりませんでした。売れるかどうかわからない産直より、大きなロットで買い取ってくれる農協の方に魅力も安心感もあったのでしょう。

そのときは会社が資金的に苦しいことも忘れて「売れなかったらうちで全部買い取るから」と会員を説得して回ったこともありました。そうしたオープンするまでの苦労はあったものの、オープンしてからは産直の会員も来場者も少しずつ増えていきました。

順調なスタートにほっとする一方で大きな心配もありました。オープン当初は新聞やテレビで話題になりやすいものです。現時点である程度の来場者がいても、それが順調に伸びていく保証はありません。

当時、道の駅はすでに全国各地にありました。そのうえ、特産品の販売に力を入れる高速道路のサービスエリアとの競合も起きはじめており、経営環境はとても楽観できるものではなかったのです。遠方から来る観光客を呼び込もうとするライバルは多数いますし、当社には宣伝に大きな費用をかける余裕もありません。仮に宣伝効果があったとしても、平日の集客を考えれば観光客に頼りすぎるのも不安です。

そこで考えたのが、いきなり観光客をターゲットにするのではなく、まずは地元の人が足を運んでくれる駅をつくることでした。

――道の駅というと、どうしても観光客に目がいきがちになるかと思います。よく発想を転換できましたね。

地元に目を向けるという発想の裏には、もちろん町長という経歴もありますが、わたしの性分によるところも大きいと思います。

わたしは五人兄弟の末っ子として育ったのですが、子どものころからガキ大将的存在で、外ではいつも近所の子どもを大勢連れていたものです。ときには子どもだけでキャンプに出かけるような遠出もあり、いつもみんなと自由に遊んでいました。こんな体験が非常に楽しく、何かやりたいことがあれば、みんなを誘って一緒に実行していくのが好きになり、高校のときには生徒会の役員も務めていました。その集大成が町長という職といえるかもしれません。

こうした経験を振り返って気づいたのは、みんなを巻き込んで楽しくやっていると、自然と大勢の人が輪に加わっていたことです。何か面白そうなことをやっているなと興味をもった人がやってきて、いつの間にか大人数になっているのです。

これは子どものころの遊びに限らず、町長時代の道の駅をつくる構想にしてもそうでした。当初は仲間内の発案にすぎなかった計画が、懸命に取り組んでいるうちに次第に周囲に広がり実現することになったわけです。

それならば、まずは身近な地元の人を何とか自分が率先して道の駅に連れ出し、そこで元気に楽しんでもらえばいい。楽しげな様子につられるように地元の人が集まり、いずれは市外の観光客にもその輪が広がっていくはずだと考えたのです。そうなれば、社長を引き受けた理由の一つである「町を元気にしたい」という思いもかないます。

買い手と売り手の心をつなぐ

―地元の人に集まってもらうために何か具体的な対策をしているのですか。

まずは買い手である来場者が集まりやすい仕組みづくりです。例えば、併設された多目的ホールを、コンサート、美術・芸術作品の展示会やサークル活動などのために無償で提供しています。

特徴的なのは、外部の著名人を呼んで大きなイベントを開催するのではなく、あえて小さくとも地元の人が主役となれる活動に絞っていることです。この方が、やる側も見る側も地元の人主体になるので、親近感から人が集まりやすくなり、イベントも日常的に開催できます。

敷地内にコンビニエンスストアがあるのも、利便性を高めて地元の人が立ち寄るようにするという狙いからです。ここを拠点としてあちこちへ出かける人が増えるようにと、無料レンタルサイクルも実施しています。

――来場者が増えて売上につながれば、生産者にも張り合いが出ますね。

そのとおりです。輪の中心という意味でいえば、地元客のさらに内側には、会員や販売スタッフがいるわけです。ただ、会員に楽しんでもらうにはたんに売れるだけではいけません。売る喜びを提供することも必要です。

ふれあい直売十文字という名称からもわかるように、本来ここは会員がお客さまに直接売る場所です。しかし、現実的には会員がここに一日中張りついているわけにはいきません。ですから、商品のアピールポイントや会員が込めた思いなどを販売スタッフが代わりにお客さまに伝えることが必要です。そうしたメッセージが伝わった結果、お客さまに自分の商品を買ってもらえた。その喜びを感じてもらえなければ、真の意味での産直とはいえません。

お客さまの意見や感想といった現場で聞いた生の声を伝えることも重要です。ときには商品の売れ行きを見て、会員に直接電話を入れることもあります。「先日出してくれた野菜、人気ですよ。さっきお客さんが来たのですが、在庫がなくて残念そうでした」。そう伝えると、多少忙しくとも、うれしそうに商品をもってきてくれるのです。

こうした会員とお客さまがじかに接しているかのような雰囲気をつくるため、スタッフには、商品の特徴、おすすめの調理・加工方法などを説明し、ＰＲする力が必要になります。商品知識も生産者と同じレベルまで高めなければいけません。

ふれあい直売十文字

―それだけ熱心なスタッフを育成するのは大変なことだと思います。

スタッフはハローワークを通じて横手市内から募集しています。本人のやる気を何より重視し、農業や販売などの経験は問わないため、確かに育てるのは大変です。そもそもわたし自身、ものを販売した経験がほとんどないわけですから、教えられる技術などありません。

では、わたしに何ができるのか。やはりわたし自身が率先して現場に出て、スタッフと一緒に楽しみながら何でもやってみることです。

例えば売り場で大きな声を出して商品のＰＲをしたり、地元ゆかりの歌を披露して入り口で出迎えたりしています。スタッフもそんなわたしの姿を見て、参考になる部分があれば吸収してくれるはずですし、逆に悪い部分があれば反面教師としてくれればいいのです。わたし自身もスタッフが働く姿をじかに確認でき、気づいた点があればその場で指摘もできます。一緒に現場の空気を感じながらやっているから、お互いの言葉に説得力を出せたり、納得できたりする部分もあるのです。

幸いまじめで勉強好きなスタッフに恵まれました。いまや産直の会員は約二百二十人になりますが、全スタッフが会員の顔や売りに出している商品の特徴を積極的に覚え、懸命にＰＲしています。最近では、野菜ソムリエの資格取得を目指すスタッフも増え、五人が資格所持者となっています。

こうした取り組みによって、当駅で買いたいと考えるファンが着実に増え、売上も年々伸びてきました。地元や近隣からのリピーターが多ければ、会員に還元できる情報もより集まります。それがさらに会員のモチベーションを高め、より魅力的な商品が出てくるという好循環が生まれているのだと思います。

地元客が安定して増えてきたことで、ようやく次のステップを踏み出せるようにもなりました。二〇〇九年からは、トラックで横手市外を回る移動販売、東京のアンテナショップでの販売など、道の駅を飛び出し地域の魅力を外部にアピールする活動にも取り組んでいます。この道の駅十文字を出発点として、さらに地域に元気の輪が広がっているところです。

取材メモ

同社を訪問した当日、小川社長とともに取材に応じていただいたスタッフリーダーの樋渡さんが一つのエピソードを熱く語ってくれた。

ある大雪の深夜、同社の若いスタッフたちが慰労会の二次会を終えて帰宅する途中に、道の駅を通りかかった。すると広い敷地で一人の男性が懸命に雪かきをしている姿が目に留まった。小川社長である。それを見たスタッフ一同、大慌てで手伝いを始め、無事に雪かきを終えたそうだ。

周りの人を巻き込んで一緒に行動したいと考える小川社長。しかし、それを実現しているのは、強引な指導力や統率力ではない。見ている人が一緒にやらなければいけない、やりたいと思わせる懸命な姿勢を貫いているからこそ、地元の人も販売スタッフも同社の方針に自然と共感していくのだろう。

来場者、会員、そしてスタッフ。道の駅十文字は小川社長の個性に引き寄せられた、この多くのファンによって支えられていくことだろう。

（今野　慈彦）

4

ファッションとして制服を着る

(株)このみ

〈企業概要〉

代表者	相浦 孝行
事業内容	自由制服の製造・販売
創業	1991年
従業者数	29人（うちアルバイト19人）
所在地	新潟県妙高市柳井田町3－2－5
電話番号	0255(78)7711
URL	http://www.conomi.jp

代表取締役社長　相浦 孝行

世間の認識に反して創業にあこがれる

―若くして経営者になったそうですね。

幼いころから経営者にあこがれていて、二十五歳のときに創業しました。大阪市でミセス向けの衣料品店を経営している伯母夫婦の影響だと思います。将来の進路を考える高校生のときに、創業して経営者になることを決心しました。

もっとも、両親には強く反対されました。当時はいまと違い、「良い大学を出て良い会社に入ることが幸せな人生だ」という価値観が幅を利かせていました。親が商売をしている場合などを除けば、まだまだ創業に対する関心が低い時代だったのです。特に、父が公務員だったこともあり、就職してから考えるならともかく、高校生の時点で創業したいというのは、両親からすればとても許せるものではなかったのでしょう。

機会あるごとに創業への思いを訴えましたが、理解してもらえませんでした。それでもあきらめなかったのは、伯母夫婦が父に劣らず満足げに働き、暮らしていたからです。「良い会社に入らずとも幸せになれる」という手本が身近にあったことから、「周囲の価値観や意見に左右されず自分のやりたいことをやり、後悔しない人生を送ることが大切だ」と考えるようになっていました。

―自分の価値観を信じていたのですね。

そのとおりです。このように、世間の常識や慣習に反してでも、自分の価値観に従って行動しようと思うようになったのは、高校生のときの出来事がきっかけだったように思います。

わたしの高校には指定の制服があり、先生が毎朝校門前でちゃんと着ているかチェックしていました。とても厳しく、中に着るシャツや靴下の色まで指導されます。そこまで見るのかと反発する生徒が有志を集めて制服廃止運動を開始し、わたしも参加しました。「学生らしい格好なら別に制服を着なくてもよいのではないか。百歩譲って、学生らしくあるために制服が必要だとしても、シャツや靴下の色は学生らしさとは関係ないだろう」と思っていたからです。

結局、この制服廃止運動は実りませんでしたが、運動に参加せず傍観しているだけだったら、きっと後悔していたと思います。実際、行動を起こしたことは、わたしに大きな充実感を与えていました。「自分の気持ちを押し殺して後悔するよりも、結果がどうあれ、思いを表明して行動した方が満足できる」と感じたのです。

―では、両親の説得に関しても実際に行動してみたのですか。

はい。ただ「やってみたい」というだけでなく、創業への思いを具体的な行動で示しました。

高校を卒業すると東京の専門学校に通い、販売や接客について学びました。同時に家電量販店でのアルバイトにも励み、接客経験を積みました。専門学校を出た後は紳士服チェーン店に勤め、一九九六年、二十三歳のときに伯母夫婦の会社に転職します。経営者としての修業をさせてもらうためで、店舗移転に伴う新店舗のコンセプトや商品構成を考えたほか、定番商品の自動発注システムの導入なども担当しました。このころには、両親も「反対しても無駄だ」とあきらめたようでした。

そして九八年に、新潟の実家近くにある伯母夫婦の店の一つを譲り受け、ついに自分の店をもったのです。

廃止されていても制服を着ればいい

―あこがれていた経営者になってどうでしたか。

想像していた以上に大変でした。引き継ぎ前と同じようにファミリー向けの衣料品を販売しましたが、品揃えや売り方を工夫しても売上はなかなか伸びません。小さな町で需要に限界があるから、当然といえば当然です。しかも、幹線道路沿いには大手の衣料品店がありました。負けないためにも、確固たる店の特徴を打ち出すことが必要でしたが、そう簡単にアイデアは出てきません。

そんな折、ある女子高校生が母親の付き添いで店にやってきました。世間話のなかで、彼女は「制服を着て通学したかった」といいます。詳しく聞くと、彼女はわたしも通った高校の学生で、母校ではいつの間にか制服が廃止されていました。学生たちはTシャツにジーンズ、あるいはジャージなどで通学しているそうですが、彼女は学生のときにしか着られない制服を着てみたかったというのです。

この話を聞いて、わたしは思いました。「廃止されたからって制服を着てはいけないということはないだろう。何を着てもいいのだから、遠慮することなく自由に制服を着たらいい」と。そして「着る制服がないのならつくってあげよう」と、学生服メーカーの連絡先を調べ、彼女のためにオーダーメードの制服を注文しました。

――その彼女は喜んだでしょうね。

念願の制服を着られるとあって大喜びでした。しかも、学校中でものすごく評判になったようです。口コミで当社のうわさが広まり、制服を買いに女子学生が次々とやってきました。最初は、高校時代の思い出もあって、単純に彼女たちの望みをかなえてあげようという気持ちで対応していました。制服廃止運動と制服を着たいという思いは正反対のように見えますが、着たい服を着て通学したいという根っこの気持ちはまったく同じですから。

ただ、やがてこの状況が面白くもなってきます。「制服は学生を押さえつけるもの」といった理由などから制服を廃止する学校が増える一方、学園ドラマの影響などで制服にあこがれる学生も増えていました。学生を縛っていた制服が、自由に着こなす対象に変わってきていたのです。実際、学生服メーカーは、学校指定ではない制服をつくり有名ブランドの名前を借りて販売しはじめていました。「自由制服」とよばれる私服の制服です。

しかし、わたしが見る限り、この変化に適切に対応できている小売店はありませんでした。当社に訪れる学生たちが何よりの証拠です。「制服は春にしか売れない季節商品」という既成概念に加え、「私服が許されているのにわざわざ制服を着て通学する学生はいないだろう」という思い込みがあったからでしょう。

一方でわたしは、「売れるかどうかはともかく、店頭にあれば学生は喜ぶだろう」と、二〇〇二年から自由制服を仕入れ店頭に並べました。すると、うわさを聞いて隣の長野県や富山県からも学生が来店するようになりました。小さな町の小さな店に、遠方からわざわざやってくるのです。こうして大手にも負けない差別化の方法をつかんだわたしは、二〇〇三年に自由制服を専門に扱うホームページを開設しました。

―本格的に自由制服を取り扱うことにしたわけですね。

さまざまなブランドの自由制服を比較できるため、ホームページには多くの人が訪れました。開設して三年後には、月に三十万もの閲覧数に達します。問い合わせも多く、特に東京に住む学生から「東京ではどこで売っていますか」という声がたくさん寄せられました。そこで、東京に出店することを考えはじめます。とはいっても、いきなり店を構えるのはリスクがあるので、東京進出の足がかりにしようと「ブランド制服コレクション」と題した即売会を企画しました。自由制服のニーズの強さをはかることと認知度を高めることが目的でした。

まずは、ターゲットとなる女子学生にアピールするため、学生向けのファッション雑誌での告知を検討しました。ただし、たんなる広告では、多額の費用がかかるし読者に読み飛ばされる可能性もあります。誌面に大きく取りあげてもらうために、人気スタイリストのトークショーや制服のコーディネート対決など興味を引くようなイベントも考え、雑誌の出版社にメールで企画書を送りました。

なにぶん初めてのことで、最初は反応がなくてもこんなものかと思っていましたが、一向に連絡はきません。ならばこちらからアプローチしようと思い、電話で担当者をつかまえ企画書をみてほしいとお願いしたところ、内容が評価され、誌面で紹介してもらえることになりました。

また、お客さまに買い物を楽しんでもらうために、かつてないほどの品揃えにしようと考えました。とはいえ、自由制服を扱っているのは名だたるブランドばかりです。気後れするところもありましたが、思いきって七社に商品の提供を依頼すると、各社とも自由制服の売れ行きはあまりよくなかったようで、「認知度が高まるなら」と快く応じてくれました。その結果、ブレザー、スカート、シャツ、リボン、ネクタイなどの商品一万五千点を用意できました。

こうして二〇〇七年三月に渋谷で開催した即売会は、多くの親子連れでにぎわい、大成功を収めました。その後、ホームページ閲覧数は月に百万を超えるまでになり、二〇〇八年二月、満を持して、自由制服の専門店「CONOMi《このみ》」を原宿にオープンさせました。

自由制服の専門店「CONOMi」

ファッション業界に日本から一石を投じたい

―なぜ自由制服は人気なのでしょうか。

自由制服は学校指定の制服と違い、おしゃれを楽しめるからです。学校指定の制服はサイズを確認するだけで買い物は終わりますが、自由制服は「どれにしようか」と楽しみながら買い物できます。さらに、入学前に一式揃えていても、その後、色違いのシャツやリボン、ネクタイなどを購入して自由に組み合わせることができます。

また、一つのファッションスタイルでありながらも、基本的には学生らしい格好なので、親や学校側も安心でき受け入れやすい。これも人気の理由の一つでしょう。

—自由制服がファッションの一つなら、学生のニーズに応えることが重要になりますね。

店のスタッフとして現役の高校生を採用し、商品の色や柄についての要望を聞いています。ただ、こうして集めた要望を学生服メーカーに伝えても、すぐには商品に反映されません。学校指定の制服をメインに扱う学生服メーカーは、年単位で生産スケジュールを組むため、新商品がすぐに企画されたとしても、生産されるのは翌年度、市場に投入されるのは翌々年度になるからです。また、自由制服の人気商品の在庫がなくなり追加発注をしても、生産計画が狂うためか、なかなか応じてくれません。

もちろん、これは企業としては合理的な行動ですが、疑問を感じる部分もありました。「学生が着たいと思うときに着られるようにすることも、企業の重要な役割ではないか」と思ったからです。学生が望む商品をできるだけ早く届けるためにはどうすればよいか考えているうちに、自分で行動するしかないと思い立ち、自由制服の自社ブランド「ar CONOMi」をつくりました。学生の生の声をもとに当社で商品を企画し、縫製メーカーに製造を委託しています。学生のニーズを取り入れた商品をすぐに販売でき、追加生産にも柔軟に対応できるため、いまでは自社ブランドの商品が売上の八割を占めるほどになっています。

―事業は順調そうですが、今後の目標はありますか。

日本のファッション業界は海外から流行を取り入れるばかりですが、わたしは、アニメやゲームなどと同じように、ファッションの分野でも日本は流行の発信地になれると信じています。そして、日本独自のファッションである自由制服は、まさにその可能性を秘めていると考えています。

自社ブランド
「ar CONOMi」の自由制服

実際、制服ファッションは海外でも関心があるようです。自社ブランドの自由制服がパリのファッションショーで紹介されたり、原宿店に欧米からのお客さまがきたりします。将来的には、自由制服を日本発のファッションとして世界に広め、学生が着るものという価値観にとらわれることなく、多くの女の子が楽しめるものにしたいと思っています。

取材メモ

三月の最も忙しい時期には、相浦社長も店頭に立って接客するという。若い女子学生でいっぱいの店内に大人の男性が一人いる光景を想像すると、何とも不思議な感じがする。彼女たちの感性についていくのは大変ではないかと思ったが、「アルバイトに現役の高校生を採用し、いろいろと意見を聞いているから大丈夫です。それに、商品についてはわたしが一番詳しいですから、お客さまから着こなしについてけっこう相談されますよ」と、にこやかに答えてくれた。

年齢を重ねると頭が固くなってしまい、つい保守的に考えがちだ。だが、常識や慣習に従い前例どおりに進めているだけでは、新しいものは何も生み出せない。相浦社長が思い込みや古い価値観にとらわれず、自由に柔軟に行動できるのは、自分の価値観に従って行動することの喜びを制服廃止運動の経験で知ったからだけでなく、若い感性をもつ学生に囲まれて仕事をしているからでもあろう。

(井上　考二)

5 観光客が訪れる住宅展示場

(有)コテージ・オブ・ウォームス

〈企業概要〉

代表者	佐々木 茂良
事業内容	一般住宅、店舗の設計・施工
創業	1982年
従業者数	35人
所在地	静岡県浜松市西区和地町2949
電話番号	053(486)1723
URL	http://www.nukumori.jp

代表取締役　佐々木 茂良

おとぎの国の住宅展示場

――貴社の住宅展示場には、観光客が訪れるそうですね。

静岡県の観光名所である浜名湖や舘山寺温泉のほど近くということもあり、観光客が多数訪れます。ただ、当社の住宅展示場は、モデルハウスが建っていてスタッフが室内を案内するといった、一般にイメージされる住宅展示場とは趣を異にします。わたしの仕事場である建築デザインアトリエを中心に、中世ヨーロッパを彷彿《ほうふつ》させる「ぬくもりの森」という一つの集落を形成しているのです。

森には、雑貨店「ぬくもり工房」、創作フランス料理店「レストラン・ドゥソール」、水車小屋を模した「お菓子の森」、アンティーク品のギャラリー「創良《そら》」、クラッシックカーを展示する「モーターガレージミュージアム」などが建ち並んでいます。一つ一つの建物はカントリーハウス風にデザインされており、庭園のエクステリアや建物内のインテリアもすべてアンティーク品で満たされています。

カントリーハウスとは、ブリティッシュやフレンチ、アメリカンなど、それぞれの国の地方で建てられてきた素朴な邸宅のことで、暮らしに根差した機能美や自然素材の優しい風合いが魅力です。

もちろん、雑貨店やレストラン、ギャラリーはすべて実際に営業しており、おとぎの国のような雰囲気のなかで、ランチやショッピングを楽しみながら、ゆったりとした時間を過ごせるようになっています。

―どのようなきっかけでつくりはじめたのですか。

一九八三年に、デザインアトリエを自分の好きなカントリーハウス風に建てたのがはじまりです。ただ、そもそもカントリーハウスやアンティーク品に興味をもつようになったきっかけとなると、子どものころにまで遡ります。

わたしは物心ついたときから、アンティーク品に囲まれて暮らしていました。といっても実家が金持ちだったわけではなく、大工の棟梁だった父が、改装や解体工事

ぬくもりの森

を請け負うたびに、古い家具やインテリア、時計などを譲り受けてきたのです。高度経済成長の真っ只中で新しいものがもてはやされた当時は、古いものに目を向ける、価値を見出すという発想自体が珍しい時代でした。

もらってくるのは、やはり和箪笥《わだんす》や民芸品などが多く、たまにテーブルやインテリアといったアンティーク品を見つけると、掘り出しものを探し当てたように無性にうれしくなったものです。父にねだったり、勝手に持ち出したりしては、コレクションに加えていました。日本全体が欧米諸国に追いつけ追い越せという時代、子ども心にも西洋の伝統的なアンティーク品に漂うレトロな雰囲気にあこがれを抱いたのかもしれません。

―そうした経験もあって、建築業界に入ったのですね。

七七年に工業高校を卒業し、そのまま家業に入りました。実家が工務店なので、子どものころからおもちゃや木工品をつくったり壊したりして遊んでいました。自然と手先も器用になっていたのでしょう。二、三年もすると、仕事にはすぐに慣れました。

仕事に余裕が出てくると、それに比例して趣味に費やす時間やお金も増えていきます。雑誌やカタログなどで気になるカントリーハウスや建築資材が紹介されていると、海外でも出かけていきました。とにかく、じかに見て、自分の手で触れないと気がすまなかったのです。フランスの片田舎に佇むカントリーハウスを眺めていると、時間を忘れてその風景に見とれたものです。

いつしか、自らの手でカントリーハウスを建ててみたいと思うようになりました。そして、一人で一棟全部を請け負えるようになったころ、自分の力を試してみたいと独立しました。八二年のことでした。

しかし、当時の日本では、カントリーハウスの存在そのものがほとんど知られていませんでした。バブル景気へと向かっていく時代のなか、デザインもモダンなもの、斬新なものが好まれました。古いものが醸し出す温かみや懐かしさを受け入れる土壌はなかったのです。

昼は汗まみれになって現場を回り、夜は営業に走り回るという毎日を続けましたが、カントリーハウスを建てたいという人は現れません。一般的な木造住宅の建築などでしのぎながら、悶々《もんもん》とする日々を何年か送りました。このときに思い知ったのです。家のように、一生に一度というくらい高価な物となると、どんなに熱心に勧めても、関心のない人は絶対に買ってくれないということに。

遠回りして需要を見出す

―何か妙案はあったのですか。

せめて少しでも関心のある人を探す手立てはないか。思いを実現したい一心で、そればかり考えていました。そんな折、カントリースタイルの雑貨ブームが到来します。九〇年代に入ると、日本でもアンティークの魅力が受け入れられるようになってきたのです。

わたしは、そのブームに一筋の光明を見出しました。カントリーハウスには手が出せなくても、雑貨や小物なら気軽に買えます。おまけに雑貨にこだわるような人の多くは、インテリアや家具、住宅にもこだわりをもっていることが少なくありません。こうした人たちを集めることができれば、手当たり次第に営業に回るのに比べ、カントリーハウスを建ててみたいという希望者に出会える可能性は格段に高まると考えたのです。

そこで、アンティークの小物を販売する、小さな雑貨店を開くことにしました。デザインアトリエは、祖母が浜松市の郊外にもっていた二百五十坪ほどの土地にぽつんと建っていたので、その脇に同じくカントリーハウス風の雑貨店をつくりました。そして、店内の一角にさりげなく建築コーナーを設置したのです。

―狙いどおり、カントリーハウスを建てたいという人は見つかりましたか。

記念すべき第一号は、フランス料理店と自宅を同じ敷地内に建てたいというものでした。念願の注文に対して、徹底的にこだわるとともに、注文があったことがうれしくてたまらず、価格面でもかなりサービスしたことをいまでも覚えています。

こうして施工実績ができると、「あの物件を見た」といって問い合わせが入りはじめました。〝モデルハウス〟の効果を実感する一方で、怖さも感じました。物件が良くも悪くも目立つからです。安っぽさが目についたり、住み心地が悪く評判が芳しくなかったりすれば、せっかく興味をもってくれた人も建てるのをやめてしまうでしょう。だからといって、いつも採算度外視で施工していては、こちらの身がもちません。

―どんな対策を講じたのですか。

まず、顧客の希望に沿いながらも価格を抑えられるように、新しい技術やノウハウを吸収しました。その一つが、エージングや古色仕上げといわれる特殊な塗装法です。塗装の凹凸や濃淡で、真新しい建築資材にあえてさびやひび割れ、風化した質感などを出すもので、アンティーク資材を使うのに比べれば価格を大きく抑えられます。石造りの家を希望された場合、目立つところには本物の大理石などを使い、あとはカムフラージュするといったことも可能になります。かりにすべての壁を大理石でつくろうとすれば、大きさにもよりますが、それだけで一千五百万円は下りません。

併せて、設計段階で顧客が納得するまで何度も打ち合わせを行うようにしました。クレームを防ぐには、デザインだけでなく住んでからも満足してもらうことが重要だからです。

建築物には、そこに住む人たちの文化や考え方、気候風土などが色濃く反映されています。例えば日本家屋は、大きな窓から風を取り込んで涼を求めるとともに、太陽の光をたっぷり採り入れます。しかし、ヨーロッパでは、家は外敵から身を守るためのいわば城です。そのため窓は小さく、堅牢《けんろう》にレンガを積み上げます。それでも日本の夏のようにじめじめしていないので、レンガのひんやりとした感じでちょうど心地いいわけです。

こうした背景を理解せずに、外見だけにこだわって建てると、日本ではとても住めたものではありません。しかし、顧客はどうしてもデザインに目がいきがちです。ですから、そうした違いをしっかりと説明し、デザインにも住み心地にも満足してもらえるように心がけました。これには、若いころに実際に海外まで足を運んでカントリーハウスについて学んだ経験が活きました。

ぬくもりの森を全国に発信

―あとは注文を増やすだけですね。

かつてと違い、少なくともカントリーハウスへのニーズがあることはわかっています。問題は、そのニーズがまだまだ小さいということでした。

考えられるのは、施工実績のある近隣エリアのみならず、浜松市、静岡県、東海地方、さらには全国というように、より広い地域からニーズを拾い集めることです。それと同時に、カントリーハウスへの需要を少しでも増やしていく努力も欠かせません。そのためには、まずは当社のカントリーハウスを目にしたり、触れたりしてもらう機会を増やし、魅力を広くアピールしていく必要がありました。

うまい方法はないかと考え、思いついたのが、ぬくもりの森の拡大構想でした。雑貨店にはまずまずの人出があったので、その集客力をさらに高める狙いでした。少し安直かもしれませんが、二〇〇一年に同じ敷地に創作フレンチの店をオープンさせ、気軽にランチなども楽しんでもらえるようにしました。レストランなら、少々遠方からも訪れてくれます。

―こうしてぬくもりの森の原型ができあがったのですね。

カントリーハウスが三軒並ぶと、独特の存在感が生み出され、ちょっとした話題のスポットとなりました。このころから、観光客の姿もちらほら見かけるようになったのです。ならばと、二〇〇五年には道を挟んだ向かい側にギャラリーや菓子店を開店。二〇〇九年にはクラシックカーを展示したミュージアムもオープンしました。

2005年にオープンしたお菓子の森

ぬくもりの森の成果は、予想以上のものとなりました。県内外から観光客が訪れるのみならず、雑誌やポスター、ビデオなどの撮影場所としても人気になったのです。その内容も車・バイクから、スイーツ、ファッション関係まで実に多彩です。

これを活かさない手はないと、ロケーションスタジオとして、有料で撮影場所を提供することにしました。ついにはお金をもらいながら、当社のカントリーハウスを全国に宣伝できるようになったのです。マスメディアで紹介されると、客観性という点で、自費で広告を出す以上の宣伝効果を見込めます。おかげで、いまでは営業活動を一切せずとも、注文がひっきりなしに入ります。わたしにすれば、まさに理想の形です。住宅は、関心のない人に対してどんなに売り込んでも売れません。その点、ぬくもりの森には、多くの顧客が自ら足を運んでくれるのです。

営業活動に力を注ぐようになると、どうしても本業そのものがおろそかになり、悪循環に陥ってしまいます。ですから、まずはどこにもないオンリーワンの技術やノウハウを身につける。そのうえで、それらをうまくアピールしていく。そうした流れを生み出せれば、きっと商品やサービスに共感してくれる人が現れ、購入にもつながるはずです。ぬくもりの森がまさにそうであるように。

取材メモ

浜名湖近くの小高い丘になった住宅地に「ぬくもりの森」はある。瀟洒《しょうしゃ》な鉄製の門扉をくぐると、そこはいくつものカントリーハウスが建ち並ぶ、おとぎの世界だ。これだけのものをつくりあげるのは、さぞかし大変だったろうと思いきや、佐々木社長は「苦労したことはない」という。

そもそも建てるのはお手のものだから、というだけではない。デザイン工房の隣が空いていたから、カントリーハウスに興味がある人を探すために雑貨店を開いた。お菓子の森やギャラリー創良の建物は、二〇〇四年に開催された浜名湖花博に出展するために自ら設計したパビリオンを移設したものだそうだ。そして、撮影の申し込みが多いから、いっそのことロケーションスタジオとして提供することを思いついた。「大好きなカントリーハウスを建てたい一心で、手の届く範囲でできることに知恵を絞り一つ一つ実現してきただけです」。そう語る佐々木社長は取材中も終始楽しげに取り組みについて教えてくれた。この森には、紛れもなく個性がきらめき、そしてかがやく経営者がいる。

（川楠　誠司）

6 父と二人で奏でた文具づくりのハーモニー

(株)はまおん

〈企業概要〉

代表者	齋藤 真由美
事業内容	文具・和洋楽器の販売、楽譜用フォルダーの開発
創業	1974年
従業者数	7人
所在地	静岡県浜松市東区西ケ崎町1086
電話番号	053(433)5131
URL	http://www.hamaon.co.jp

代表取締役 齋藤 真由美

好きだけで商売は成り立たない

―はじめに事業の概要を教えてください。

文具やオフィス用品を中心に、和洋の楽器、印鑑、切手、宝くじ、たばこまで、さまざまな商品を販売しています。お客さんが買い物する際に、なるべく一カ所ですませられるようにと、取り扱う商品の幅を広げてきました。

もっとも、最初は小さな楽器店としてスタートしました。河合楽器の営業マンとして東京で働いていた父が、故郷の浜松に戻り、一九七四年に始めた店です。しかし、当初は苦労の連続だったようです。

浜松は、楽器の街というイメージが強いかと思います。実際、浜松市内には、ヤマハや河合楽器製作所、ローランドといった大手メーカーの本社や工場が軒を連ねています。ところが、楽器の小売店は決して多くはありません。楽器メーカーに勤めている人はピアノなどを社員価格で安く買えるからです。社員本人はもちろん、親せきや知人などから頼まれて購入するケースもありますから、楽器店の経営は非常に難しかったのです。

もともと楽器に愛着があって立ち上げた店ですが、父は早々に決断を下します。楽器を地元の小学校に納入していた関係で学童文具を扱いはじめ、やがてオフィス向けの事務用品も含めた文具全般を販売するようになりました。九五年には、「アスクル」や「スマートオフィス」などにいちはやく加盟して通販サービスを開始し、次第に現在の事業の形に近づいていきました。

もし父が楽器だけにこだわっていたならば、すでに当社はなかったかもしれません。父自身、いまでもよく口にします。「商売はお客さんがあってはじめて成り立つものだ」と。

――いまでも楽器は扱っていますよね。

ピアノやギターほどメジャーではない、和太鼓や横笛といった和楽器と、ラッパを中心に販売しています。これなら浜松でも、何とか事業として成り立ちます。

なかでも力を入れているのが、ラッパです。浜松では、毎年ゴールデンウイーク期間中の五月三日から五日に「浜松まつり」が開催されます。これは、端午の節句にちなんで、凧揚げを競い合ったり、町の旗や提灯を手に市内を威勢よく練り歩いたりする勇壮な祭りです。「おいしょ、おいしょ」というかけ声とともに練り歩く祭りを盛り上げるのが、ラッパと太鼓の音です。特にラッパは、浜松まつりには欠かせません。そのため父は、一部のラッパを自分で企画して販売しているほどです。

文具に囲まれて思いついた演奏時の便利グッズ

――商才あるお父さんの後を継ぎ、二代目に就任したのですね。

九八年に当社に入り、二〇〇七年の七月から社長を務めています。代わって父は会長に就任しました。

わたしは、子どものころから父の影響もあって声学やピアノ、フルートなど、幅広く音楽になれ親しみ、愛知県立芸術大学の音楽学部に進学しました。卒業後は地元の高校で音楽教師となり、ブラスバンド部の顧問も務めました。部では全国大会を目指して猛練習に励み、毎年、県内の実力校としのぎを削ったものです。やがて結婚を機にいったんは退職したものの、音楽講師として再び学校に戻りました。

一方、父が六十五歳を過ぎるころになると、この会社をどうするかが大きな問題になりました。わたし自身はずっと音楽が好きで、念願かなって就いた音楽の先生という職です。毎日の暮らしも充実していました。

しかし、もともとわたしが音楽を始めたのは、父の存在があったから。その父が起こした会社は音楽と同じくらい大切なものです。「先生の代わりはいるけど、父の後継ぎはわたし以外にはいない」。そう考えると、おのずと結論は出ていました。

教師生活にピリオドを打って入社したあとは、日常業務から経営に関することまで父に厳しく指導されました。おかげですぐに新たな生活に溶け込めましたが、店の状況がわかってくると、次第に「このままではまずい」という気持ちが強くなっていったのです。

――どうしてですか。

事業の柱である文具は、大手量販店の進出などもあって価格競争が激しく、利幅が小さくなっていました。ラッパを除けば、扱っているのはどこでも買えるものがほとんどです。取り扱う商品を増やして売上こそ維持していましたが、将来が安泰でないことは経営の素人であるわたしからみても明らかでした。

とはいえ、入社したばかりで、何の経験もないわたしにできることなどあるのだろうか。

そんな思いもあり、先生として生徒一人ひとりに向き合ったように、とにかくお客さん一人ひとり、目の前の商品一つ一つに向き合うしかないと、それこそ朝から晩まで懸命に働きました。

そんなある日のことです。店に並んでいるクリアブックを目にしていて、ブラスバンドの練習を思い出しました。クリアブックは、透明なビニールシートがつづられたもので、オフィスなどでよく目にするかと思います。実は、わたしが顧問を務めていたブラスバンド部では、そこに楽譜を入れて演奏していたのです。楽譜を譜面台に立てかけるだけだと、ずれたり手前に垂れてきたりしてしまうからです。

かつての練習風景を思い浮かべているうちに、ふと思ったことがありました。それは、一枚一枚のビニールシートに大きな窓が開いていればよかったのにというものでした。

ブラスバンドの合奏コンクールでは、個々の奏者が協調し、演奏に一体感を醸し出すことがポイントになります。そのため、指導者がパートごとに演奏のタイミングや強弱、ピッチ、音の長さなどを細かく指示し、生徒たちはそれを自分の楽譜にメモしていきます。

ただ、一般的なクリアブックでは、楽譜をいちいちビニールシートから出したりしまったりしなければならず、メモするのに時間がかかります。逐一出す指示を生徒が書き終わるまで待っていると、せっかくつかんだ演奏の感触が薄れていきます。かといって楽譜にメモしておかないと、指示の内容を忘れてしまい、練習の成果が蓄積されません。

ですから、楽譜にすぐに書き込めるようにビニールシートに大きな開口部があれば便利なのにと考えたのです。不思議なもので、当時は演奏に集中していて、そこまで気が回りませんでした。やはり毎日たくさんの文具に囲まれていたからでしょうか、そんなアイデアが急に頭をよぎったのです。

ブラッシュアップの積み重ねがヒットを生む

──確かにありそうでない商品ですね。音楽の先生というバックボーンがあったからこそ、生まれたアイデアなのでしょうね。

単純な思いつきで、はじめは商品化などと大それたことは考えもしませんでした。ただ、そのころ事業承継を控えていたわたしは、法政大学大学院の坂本光司教授が主催する「後継者塾」に参加していました。たまたま講義中にアイデアを披露する機会があり、坂本先生に、ぜひ事業化すべきだと背中を押されたのです。

父に報告したところ、それならやってみようという話になりました。ただし、注意点が一つ。本当にニーズがあるかどうか、調べてからにしようと言われたのです。創業時から苦労を重ねながら店を経営してきた、父だからこそのアドバイスだと思いました。

さっそく音楽仲間が在籍する、地元浜松の静岡文化芸術大学に協力を求め、ニーズを調べることにしました。そうしたところ、商品コンセプトに同意してくれる学生は予想以上に多く、ぜひ商品化してほしいと、モニタリングの協力まで申し出てくれたのです。

「楽譜をビニールシートから出し入れしないですむようにしてほしい」「持ち運びしやすく」「とにかく軽く」「クリアブックのまま演奏できるくらい格好良く」という具合に、いくつもの注文が出てきました。

何の関係もないわたしたちのために熱心に意見してくれる彼らの姿に接して、本当にうれしくなりました。そこに音楽を愛するという共通の気持ちがあったからこそだと思います。

その気持ちに応えるためにも、商品化に向けてアイデアに磨きをかけました。まず、楽譜をビニールシートに入れたまま取り替えられるように、開閉可能なリングでシートをつづるスタイルにしました。また、リングの素材は、めくりやすさ、軽さを考えてプラスチックとし、なかでもすべりがよい素材を探しました。外観はステージ上での見栄えを考え、高級感のある黒を選びました。

わたし自身の経験を活かした点もあります。ブラスバンド部ではスポーツの応援やイベントなどのために、屋外で演奏することが少なくありません。そのときに悩まされるのが風です。その対策として、窓の中央にオビを一本横に通し、楽譜が大きく開いた窓から飛び出さないよう工夫しました。

こうして半年ほどをかけてアイデアを固めていき、最終的に二〇〇六年に「ウィンドウフォルダー　リリホ」の商品名で発売を開始しました。

―反応はいかがでしたか。

当初は音楽仲間を通じて細々と販売していたのですが、坂本教授の勧めもあって静岡県の経営革新の認定を受けたところ、広く名前が知られることとなりました。おかげで、東急ハンズや楽器店などでも取り扱ってもらっています。

ウィンドウフォルダー リリホ

使い勝手に徹底的にこだわったかいがあり、聞けば、楽譜以外にも料理のレシピや会社の書類などを入れるために買っていく人も多く、特に屋外で書類を見る建設関係の方々に重宝されているそうです。用途が広がったことで、専用のビニールシートはすでに五万枚以上を出荷しています。

こうして自信がついてくると、試したいアイデアも次々に生まれるようになりました。例えば、最近、ネット販売に力を入れているのですが、そのおまけとして楽譜や料理レシピなどを無料でダウンロードできる企画を検討中です。楽器と同じように、ウィンドウフォルダーリリホもハードにすぎません。楽器が演奏してはじめて価値あるものになるように、この商品もそこに入れる楽譜やレシピがあってこそ、意味が出てくるわけです。いろいろな利用シーンを提案できれば、それだけ販売数も伸びていくと思います。こうした発想は、長らく音楽をやっていたから生まれたのかもしれません。

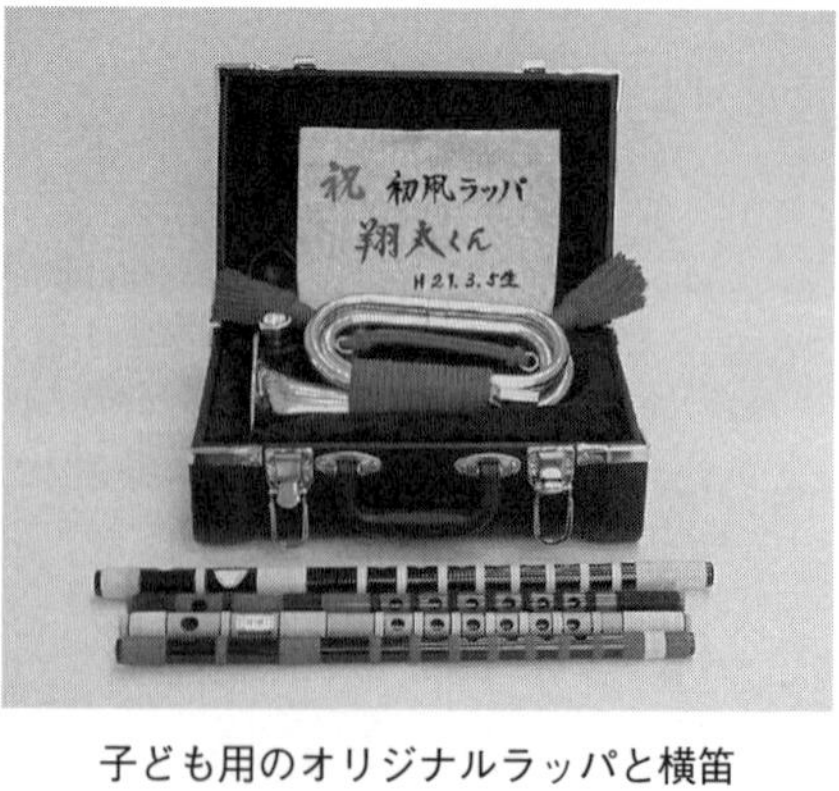

子ども用のオリジナルラッパと横笛

わたしに触発されたわけではないでしょうが、このところ、父もラッパの企画に力を入れているようです。一例が子ども向けのラッパです。近年、浜松まつりには子どもの姿が増えてきました。でも肺活量の小さな子どもがラッパを吹くとすぐに疲れてしまいます。そこに着目した父は、ラッパを小型化したり、三ツ巻から二ツ巻にしたりして息の抜けを良くし、子どもでも豊かな音量を出せるようにしたのです。

わたしに自信が生まれたのは、ウィンドウフォルダーリリホがヒットしたからではありません。音楽活動や教師生活というバックボーンを活かした、わたしなりの経営の将来像が描けるようになったからです。音楽が中心にある文具店。そんな店が一つくらいあってもいいと思いませんか。

取材メモ

ロードサイドにある同社の店の駐車場には自動販売機コーナーが設置され、ドライバーや地域の住民が休憩所として利用できるようになっている。誰もが気軽に集まれる地域のオアシスになりたいという思いからだそうで、創業者の松本憲明さんと二代目の齋藤真由美さん親子は、同社のことを「コミュニティー・カンパニー」と呼んでいる。創業直後、浜松の地域性に苦しめられた憲明さんは、長年事業を続けるうちに見事に地域に溶け込んだ。そのなかで、地域そして顧客に向き合うことの重要性を肌で感じてきたのだろう。

ウィンドウフォルダーリリホが真由美さんの音楽人生があって生まれたことは間違いない。しかし、憲明さんが店を経営するなかで身をもって学んできた顧客志向のアドバイスがなければ、真由美さんの独りよがりに終わった可能性もあるのではないだろうか。その意味で、この商品は二人の経験があってはじめて生まれたといえよう。これからも二人三脚で歩んでいく同社の活躍を伝えるニュースから耳が離せそうにない。

（川楠　誠司）

7 ベランダ菜園を届ける建設会社

山和土木興業(株)

〈企業概要〉

代表者	山西 和雄
事業内容	土木工事、高速道路の維持管理、堆肥の製造・販売
創業	1987年
従業者数	23人
所在地	香川県東かがわ市西村443－1
電話番号	0879(24)1530
URL	http://www.s-dk.com

代表取締役　山西 和雄

独立後の恐怖から弱さに気づく

――土木関連事業を手がけていると伺っています。具体的な内容を教えてください。

道路舗装や港湾整備といった公共工事から、一般家庭のエクステリア工事や水道・管工事、造園工事まで幅広く手がけています。また、こうした土木事業以外にも高速道路の維持管理、アスベストをはじめとする有害物質の除去作業といったことも請け負っています。

いまでこそ幅広い技術力が身につきましたが、思い起こしてみると、二十年ほど前に独立した当初は測量の技術が頼りでした。

そもそもわたしがこの世界に入ったのは、先に測量の道に進んでいた兄に張り合う気持ちからでした。わたしには年の近い兄がおり、幼いころから勉強やスポーツはもちろん、けんかをしても兄に勝ちたいと張り切っていたものです。ですから兄に追いつけ追い越せとばかり、高校卒業後は専門学校に進み、測量を学んだのです。

地元の測量会社に就職した後、土木会社に移り、勤務者としては十三年間、さまざまな現場で経験を積みました。充実した日々を送っていましたが、あるできごとが転機となりました。一九八六年の暮れ、現場が長引いたわたしは、勤務先主催の忘年会に遅れて出席することになります。すると、招待していた取引先を待たせるとは何事だと、上司に厳しく叱責されたのです。

わたしには常に、現場で儲《もう》けさせてもらっているんだというプライドがあります。現場を優先した自分の判断が間違っているとは思えません。一歩も引かず、真正面から上司と衝突しました。

このことを機に、自分のやりたいようにやってみたいとの思いを強くします。そして翌年、三十三歳のときに独立しました。

―独立してみてどうでしたか。

知識、経験ともに豊富な測量業務を個人で請け負っている分には、どうにか仕事を取ることはできました。ところがこれに手応えを感じ、法人組織とし、従業員も新たに雇い入れて事業の拡大を目指したとたん風向きが変わりました。銀行に借り入れの相談をしても、土木工事などを回してほしいと取引先に頼んでも、実績がないために断られるなど悔しい思いをします。すでに従業員を雇っており、その生活を預かる責任が重圧となってのしかかってきました。会社勤めのときにはわからなかった経験でした。勤務先という後ろ盾がなくなり、いわば徒手空拳の状態です。

従業員や取引先の手前、表向きは強がっていましたが、内心は相当な不安だったのでしょう。ある夜、夢を見たのです。何も見えない闇の中を、おびえながら手探りで進んでいく夢です。恐ろしい思いで目が覚めました。

ビジネスの世界では、強気に直球勝負するだけでは生き残れないのかもしれない。それまでは自分は強い、一人でも勝てると自信がありましたが、夢を見て、本当は弱いのだと気づかされました。

—厳しい現実に直面したのですね。

以来、不安で夜も眠れない日が続くなど、次第に仕事にも影響が出はじめました。このままではまずいと思い、まずは自分を鍛え直そうと、夜寝る前と朝起きたときに、それぞれ読書と瞑想《めいそう》を習慣づけるようにしました。

読書に対する意識は夢を境に一変しました。自分に役立つことは何でも吸収しようと、論語や菜根譚《さいこんたん》といった中国の古典から、中村天風や森信三、D・カーネギーなどの啓発書に至るまで、片っ端から読みあさりました。

その中の一つ、菜根譚に、「思いどおりにならないときでも、やたらに投げ出してはいけない」という意味の言葉があります。弱気になったわたしを勇気づけてくれる言葉でした。

朝は瞑想に取り組み、心身を整えます。姿勢と呼吸を整えて安定した心を生み出す「岡田式静座法」など、健康法や呼吸法を織り交ぜながら一時間ほどかけてじっくり取り組むのです。読書と瞑想は、いまも日課として続けています。

勝つ戦略から負けない戦略へ

―二つの日課を続けることで、何か変化はありましたか。

まず、客観的に自分、そして周囲を見つめられるようになりました。それまではとにかく自分が勝つことばかりを考えて突き進んできましたが、現実には相手があり、とくにビジネスの世界では、できたばかりの当社など吹けば飛ぶような存在です。弱いなりに当社が生き残るために必要なのは、勝つことよりも負けないことなのではないか。発想を転換してそういう視点で周りを見渡してみると、見過ごしていたビジネスチャンスがあちこちに転がっていることに気づきました。

その一例が、現在、事業の柱の一つとなっている高速道路の維持管理作業です。請け負ったのは、道路脇に生える雑草の刈り取りや樹木の剪定《せんてい》作業などで、手間がかかるうえ、大して儲かるわけでもありませんでした。

ではなぜ、この仕事を選んだのか。九〇年代も後半になると、長引く不況で大型工事は徐々に減っていました。同業者は少なくなった大型工事を取り合って価格競争に明け暮れています。以前のわたしなら、その競争に勝とうと躍起になっていたことでしょう。

しかし、一歩引いて考えてみると、儲かる仕事には必ずライバルが現われて競争になる、つまり、華のある大型工事ばかりに執着していては、他社との競争でいずれ厳しくなります。それならば、かえって儲からないような仕事や、ほかの人がやりたがらない仕事を選んだほうが、競争に巻き込まれることなく生き残れると考えたのです。

道路の建設などにも携わった経験から、もともと維持管理作業という仕事があることは知っていました。ただ、儲からないという先入観があり、見向きもしなかったのです。しかし、負けないという観点でみれば、道路がある限り仕事がある維持管理作業は、これ以上ない仕事と思えるようになりました。

負けず嫌いという性格そのものは変わりませんでしたが、それを事業に活かす戦略は大きく変わったわけです。考えてもみてください。そもそも戦わなければ、負けることはないでしょう。

――狙いどおり、負けない戦略は成功したのでしょうか。

すぐに成功というわけにはいきませんでした。もともと収益が低いのは覚悟していましたが、それどころか赤字が続いたのです。除草作業で出る大量の雑草は、通常、焼却処分しますが、これに年間数百万円ものコストがかかったのです。

目先の勝ちを求めるなら、ここで見切りをつけていたことでしょう。しかし、時間がかかっても最終的に負けなければいい、そう考えれば工夫を凝らす精神的な余裕が生まれてきました。

そして、刈り取った雑草から堆肥《たいひ》をつくる取り組みに着手します。県の補助金を活用して従業員を二人雇用し、自然農法の専門家や農協などの協力も得て、高品質の堆肥づくりに取り組みました。そのかいあって、栄養豊富な自慢の雑草堆肥ができあがります。

ところが、新たな問題が生まれました。堆肥は競争相手が多く、ただつくっただけでは売れなかったのです。競争しないですむ道を選んだはずが、気がつくと、ほかの肥料会社との販売競争に巻き込まれていました。そこを抜け出すには、もう一工夫が必要でした。

あきらめない限り負けることはない

―何かよいアイデアはあったのですか。

どうすれば売れるか頭をひねる日々が続きましたが、これというアイデアは思いつきません。やむなく地元の幼稚園や小学校などに無料で配るほか、園芸店で野菜などの種を買ってきて、自分でいろいろ育ててみることにしました。そうするうちに、雑草堆肥の特長が思いがけず見えてきました。雑草堆肥は土に混ぜなくても、そのまま土壌として野菜を栽培することができます。もちろん栄養豊富なので肥料をやる必要がなく、堆肥中の微生物の働きで水も腐りません。雑草堆肥には、水をやるだけで健康な野菜を育てられる手軽さという大きな長所があったのです。

この長所をもっと利用する手はないか。思いついたのが、堆肥そのものではなく、堆肥を使った無農薬のベランダ菜園キットとして販売するというアイデアでした。商品を購入した時点で、プランターに肥料いらずの土、種までセットになっていれば、後はただ水をやるだけです。

何を育てるかも肝心です。目をつけたのは、野菜の新芽であるスプラウトでした。スプラウトは、成熟した野菜よりも効率よく栄養素をとれるとされ、最近日本でも注目されています。新芽なので栽培に場所を取ることもありません。新鮮・健康なスプラウト栽培をだれでも簡単に楽しめるようにすれば、これまで園芸になじみの薄かった人にも興味をもってもらえる。潜在的な需要を掘り起こせば、他社と同じ土俵で勝負せずともすむわけです。

ビタミン、ミネラルなどが豊富なスプラウトは、天然のサプリメントともいわれます。そこから「サプリ菜」と名づけて販売することにしました。

ベランダ菜園「サプリ菜」

―畑違いのサプリ菜を販売するとなると、苦労も多かったのではないですか。

農業に関するノウハウについては、堆肥づくりで知り合った専門家や農協、近隣の農家などから学ぶことができましたが、困ったのは人員の確保の問題です。サプリ菜には、注文を受けてから種をまき、少し芽が出てから発送するタイプもあります。確実に育つことが一日でわかる安心感と、すぐ食べられるお手軽感を提供できるからです。その作業には手間と時間がかかりました。従業員は空き時間を利用してよく協力してくれましたが、それだけでは間に合いませんでした。

どうすべきか悩んでいたとき、雑草堆肥を使ってもらったことがある授産所を思い出します。そこで作業の協力をお願いしてみたところ、思いのほか喜んでくれたのです。授産所は障がい者等に対し、技能習得の機会や就労の場を提供し、自立を支援する施設です。サプリ菜の発送作業を受託するメリットがあったのですね。かつてと違い、周囲にも目配せしながら負けない仕組みを考えることが、結果として福祉との助け合いを生んだのです。

サプリ菜は二〇〇八年からネットで販売しています。和野菜と洋野菜、季節によっていろいろなスプラウトを楽しめるように工夫を凝らしています。いまでは、日ごろ仕事や家事に忙しい人からも好評を得て、県外からの注文も絶えません。

――今後はどのような展開を考えていますか。

サプリ菜という商品は、堆肥づくりに始まった事業展開の一つの形にすぎません。これを根づかせるためには、しっかりと農業にまでつなげていきたいと考えています。サプリ菜はその中継点といえるでしょう。

その思いがあり、農業法人(株)山西農園を立ち上げました。雑草堆肥を使った安心・安全な野菜づくりをするものです。農園の取り組みはまだ始まったばかりです。やりたいことは山積みです。

思えば、高速道路の維持管理作業に始まり、堆肥づくり、サプリ菜の販売、農園の設立へと、ここまで来ることができたのは、投げ出さずやり続けてきたからです。わたしはこれからもやり続けます。あきらめない限り、負けにはなりませんから。

サプリ菜が育っているハウス

取材メモ

取材中、山西さんあてに一本の電話。山西さんが農園で虫に困っていることを知った友人が、食虫植物の専門家を紹介しようとかけてきたのだ。電話を切った山西さんは笑って言った。「効果があるないは別にして、まずは人の善意に応えて努力してみるべきでしょう」。土木工事では何でもつくるが、人や事業のつながりでは、垣根はつくらない。

山西さんはこう言う。「自分が失敗だと決めてしまわなければ失敗はない。あきらめずにやり続けているかぎり、負けはありません」。持ち前の性格である負けず嫌いは、読書や瞑想の日課などを通して、自分が勝ちたいという意地ではなく、負けない仕組みづくりに挑戦し続ける意志として、事業戦略に反映されるようになった。個性そのものが多種多様であるように、その個性を事業へと投影する形も決して一つではない。

（渡辺　綱介）

8

愛情を込めた木のおもちゃ

(株)なかよしライブラリー

〈企業概要〉

代表者	浜田 正志
事業内容	木製おもちゃ、子ども用家具の製造
創業	1983年
従業者数	8人
所在地	高知県南国市亀岩1008
電話番号	088(862)0277
URL	http://www.wooden-toy.net

代表取締役 浜田 正志

保育士からおもちゃ製造の職人へ

——木のおもちゃをつくっていると伺いました。

当社は、生まれて間もない赤ちゃんから小学校低学年までの子どもを対象とした木製のおもちゃをつくっています。積み木をはじめままごとセット、汽車セットまでその数は百を下りません。

また、子ども向けの机やいす、本棚といった家具もつくっています。定番の商品だけでなく、お客さまからの個別の注文にも応えた、オーダーメードのおもちゃや家具にも対応しています。

手づくりで仕上げる当社の商品は、安全性はもちろんのこと手触りがやわらかく、木のぬくもりを感じられるなどと評判で人気を集めています。子どもをもつ親だけでなく、保育園や幼稚園といった施設からの注文も入ってきます。また、出産祝いなどの贈答品としても利用していただいています。

―実家は家具をつくる工房を営んでいたそうですね。

はい。子どものころには手伝いもしていました。でも後を継いだわけではありません。

実家が営む工房は一本一本の木を見極め、一つ一つ家具をつくりあげていました。いわば職人魂が込められたこだわりの家具です。一方、時代は高度成長期を経て、大量生産、工業化の波に包まれていました。安くてきれいだけど、画一的な家具が市場に多く出回るようになりました。そんな影響を受け、家業の業績は落ち込んでいきました。

やがて、進路を考えるような時期になり、家業を継ぐことも頭をかすめましたが、先行きが見えません。悩んだ末に、子ども好きだったこともあって、保育士の道を選びました。当時、男性が保育士になるのは珍しいことでしたが、妹がいたこともあり、小さな子どもと遊んだり、面倒を見たりするのが苦ではありませんでした。

また、木に囲まれて、木のぬくもりを感じながら育ったせいもあるのでしょうか。のんびり屋で、いわゆるサラリーマンになって会社でバリバリ働く自分が想像できなかったのです。

両親とも相談して就職したのは、保育園や幼稚園などとは違い、障がいのある子どもを預かる施設でした。実直に木と向き合う家業を見て育った影響で、わたしも子どもたち一人ひとりとじっくり向き合いたいとの思いで、あえてそこを選んだのです。

とはいえ、いざ働きはじめると、毎日くたくたになりました。理由の一つが、子どもたちが安全に遊べるおもちゃがないことでした。施設の子どもたちは、はじめは機嫌よくおもちゃで遊んでいたとしても、少し目を離すと、振り回したり口に入れたりするなど、さまざまな行動をとります。おもちゃのなかには、先がとがったものや、表面が有害な塗料で覆われたものがあり、危険と隣り合わせにあります。覚悟はしていましたが、これでは気が休まる暇がありません。

わたしには、家具づくりの心得があります。角を丸くし、塗装しないなど、安全に配慮した積み木や木のミニカーといった、木のおもちゃをつくることにしました。すると、それを目にした母親から家庭用にもつくって欲しいという声が届くようになったのです。

勤務の傍ら、注文に応えていたのですが、事業になるのではないかと思うようになりました。一度はあきらめたものづくりの世界ですが、受け継いだ職人の血が騒ぎました。当時まだ少なかった安全な木のおもちゃをつくれば勝算があると思い、七年間勤めた施設を辞めて、一九八三年に創業に踏み切りました。

―立ち上がりはいかがでしたか。

当初は思ったほど売れませんでした。いまほどおもちゃの安全性に対する意識は高くなく、予想以上に需要が小さかったのです。むしろ、刺激的なおもちゃが好まれる時代でした。販路を開拓できず、苦戦しました。それでも、なんとか事業を維持しなければと思い、木のおもちゃだけでなく、表札やインテリア用の木の模型といった一般消費者向けの雑貨にまで手を広げてつくるようにしました。

ある日、転機が訪れました。国内のおもちゃ展に木のおもちゃを出展したところ、主に雑貨を扱う大手量販店の目にとまり、商品を納めてもらえないかという連絡が入ったのです。加工技術の高さが評価されました。これは自信になりました。同時に、自分がつくるものを、多くの人の手にとってもらえるチャンスだとも思いました。

ところが大手量販店の話をよくよく聞いてみると、つくるのは、おもちゃではなく、表札やインテリアなどでした。それでもそのときは、とにかく仕事が欲しい一心で、先方の意向に合わせ、当社の体制も整えていきました。従業員を増やし、機械を入れ、規模を拡大していったのです。

原点に戻る

―とりあえず危機を脱したのですね。

与えられた仕事をこなしていくにつれ、受注量は増えていきました。大手量販店との取引のおかげで、会社はすっかり軌道に乗っていったのです。

そんななか、わたしはというと、創業時の思いはすっかり薄れ、子ども向けの木のおもちゃづくりは細々と続けている程度で、大手量販店からの注文に追われていました。考えることといえば、納品に間に合うか、コストを下げられないかといったことばかりです。いつしかつまらない毎日を過ごしていると感じるようになりました。

おまけに、九〇年代になると、雑貨などの市場では、安価な海外製品が出回るようになりました。そのころには、受注のほとんどを大手量販店からの注文が占めており、このままでは、ある日突然仕事がなくなるかもしれないという危機感を抱くようになりました。

そんな状態を何とか変えたいという思いでドイツのおもちゃ展に行ってみることにしました。ドイツは日用大工が盛んな国で、お父さんが子どものおもちゃも自前でつくることもあります。なかにはおもちゃ展に出展している人もいるほどです。実際に足を運んでみると、どのおもちゃも好奇心をくすぐり、しかも安全なものばかり。子どもへの深い愛情を感じ、目からうろこが落ちました。これこそが自分がやりたかったことではないのか。原点に戻り、再出発するべきではないかと感じました。

九〇年代後半になると、日本でもおもちゃの安全性を重視する土壌が生まれて、ドイツなどから木のおもちゃが輸入されるようになっていました。もちろんそれなりに市場には競合も増えていましたが、わたしは子ども好きで、保育士としてじっくり子どもと向き合ってきた経験があります。子どもに必要なもの、子どもが好きなものを熟知しています。

この経験を十分に活かすことができれば、必ず子どもたちから選ばれるおもちゃをつくれるはずです。再び子ども向けの木のおもちゃづくりに特化しようと決意しました。二〇〇〇年のことでした。

―まず何からはじめたのですか。

七年間の保育士時代におもちゃについて感じたことを整理しました。一つめは、創業当初から重視する安全性です。小さな子どもを対象とするので、これは絶対に外せません。

二つめは、やさしい手触りです。赤ちゃんや小さな子どもは、どんなものでも口に入れてしまうと思いがちですが、実は手にとって感触がやわらかくないと気に入ることなく、口にもっていきません。小さな子どもが思わず口に入れてしまう感触こそ、究極の手触りといえます。

三つめは、遊んで楽しく、発育に役立つことです。施設の子どもたちが遊んでいる様子を見ていたときのことです。はじめは電池仕掛けで動く人形が取り合いになるのですが、結局は、くまやうさぎなど自分で動かせるぬいぐるみの方が、長く遊ばれることが少なくありませんでした。自動で動くおもちゃは、最初は面白いのですが、動きが同じなのですぐに飽きてしまうようです。自分で操る面白さを感じられるおもちゃこそ、子どもが求めるおもちゃだと感じました。そうして遊べるおもちゃは、創造力や発想力を鍛え、発育を手助けする役割を担えるはずです。

この三つをクリアすることを目標としました。

―非常に高いレベルの目標ですね。どのように実現されたのですか。

一つめの、安全性を実現するために、材料や作業工程をゼロベースで見直しました。まず、丸太の状態のまま仕入れ、当社で角材や板などに製材します。これは成形するときに使う接着剤を人体に無害なものにするためで、打ちつけるのも、釘《くぎ》ではなく木の杭《くい》にしています。仕上げに使う塗料も、植物性で人体に無害です。また、おもちゃはすべて角をなくし、丸みを帯びたデザインにしています。

二つめの、やさしい手触りを実現するために、木材は地元高知県産の、高級木材のヒノキを中心に使っています。このヒノキは適度にやわらかく、手触りが滑らかで、独特の香りは気持ちを落ち着かせてくれます。おもちゃの形ができた段階で、手触りを確かめながら作業するために一つ一つ手で磨き上げていきます。

三つめの楽しく遊べ、発育にも役に立つ、については子どもたちの自由な発想を引き出すことに重点を置いていきます。当社の商品のなかで根強い人気を誇っている、「ロボットくん」を例に説明します。大きさは大人の手の平ほどで、顔はやさしくほほ笑んでいます。耳を引っ張ると伸びたり、お腹に付いているスパナで修理ごっこを楽しんだりで

板材から部品を切り出す作業

きます。自動では動かせないため、子どもは想像力を働かせながら自由に遊べます。

子どもは宝

―売れ行きはどうでしたか。

二〇〇三年から本格的におもちゃづくりに回帰したところ、評判は口コミで徐々に広がっていきました。お客さまからは「人体に無害な材料でつくられているので安心して子どもに与えられる」「手触りはやさしくて、つるつるしている」「子どもが気に入って、片時も手放さない」などといった評価の声をいただいています。こうした反応に手応えを感じ、机やいす、本棚といった子ども向け家具もつくるようになりました。

価格は、先に説明したロボットくんで八千四百円、十七ピース入りの赤ちゃん積み木で一万五百円と、決して安くはありませんが、お客さまに受け入れられています。

それは販売面でも、保育士として勤務した経験が活きているからだと思います。営業のために全国の保育園や幼稚園などに足を運びます。そこで会う先生方とは保育士という共通項があるので、話が弾み、わたしのものづくりへの姿勢にも共感してもらえるようです。

そうして、共感してもらえた先には、カタログや保護者向けの案内を定期的に送り、入ってくる照会や注文に対応して商品を発送しています。また、かつてと違いインターネットが普及したのも、当社にとって追い風です。自分の足だけで営業に回るのと比べ、商圏が格段に広がりました。ですから、最近では、インターネットでの販売にも力を入れています。

大手量販店との取引をしていたときのピークで年商は一億一千万円ほどありました。現在は取引をやめていますが、その数字に匹敵するほどの年商になっています。二〇〇五年には、木の息吹までもが聞こえてくるような自然に囲まれた工房のそばに販売所をつくりました。当社がいかにこだわりをもって愛情を込めておもちゃづくりをしているのかをお客さまに見てもらいたいのです。実際におもちゃを手にとってもらい、手触りや香りも感じてもらえる場にしたいとの思いもあります。

子どもは宝です。これからも愛情を込めて、木のおもちゃをつくり続けていきます。

ロボットくん

取材メモ

ＪＲ土佐大津駅から車で二十分。木が生い茂る山の中腹にその工房はある。訪問すると社長の浜田さんが笑顔で迎えてくれた。展示スペースで出迎えてくれたのは、たくさんのおもちゃだ。その一つ一つの表情やデザインから子どもたちへの深い愛情が伝わってくる。手に取ると、子どもたちが楽しそうに遊ぶ姿が目に浮かんだ。

保育士として多くの子どもと接してきた浜田さんは、安全なおもちゃが少ないことに気づき、おもちゃづくりを志した。しかし、当初は売れずに、大手量販店の下請けとして表札やインテリアづくりで生計を立てた。そんな状況を変えたいと行ったドイツで、愛情あふれるおもちゃを目の当たりにし、おもちゃづくりに回帰することを決意した。

浜田さんが歩んだ道は確かに遠回りとなった。だが、回り道したからこそ、浜田さんは保育士として子どもたちと向き合ってきた経験をじっくりと振り返り、おもちゃには安全性だけでなく、楽しく遊べ、発育に役立つといったことも求められていると気づくことができたのだ。浜田さんが抱いていた子どもたちへの思いと深い愛情から生まれたおもちゃは、子どもたちにもまた創造力や発想力といった豊かな個性を形成していくのだろう。

（髙橋　秀彰）

9

デザイナーの表現の場を提供する不動産会社

吉原住宅(有)

〈企業概要〉

代表者	吉原 勝己
事業内容	不動産の賃貸・管理
創業	1965年
従業者数	5人
所在地	福岡県福岡市 中央区大名2−8−18 天神パークビル3階
電話番号	092(721)5530
URL	http://www.tenjinpark.com

代表取締役　吉原 勝己

実家の不動産賃貸業を承継

―福岡の中心地で不動産賃貸業を営んでいるそうですね。

当社は、博多の文化の中心地ともいえる上川端や清川、福岡最大の繁華街である大名などに賃貸物件をもっています。築三十二年から五十二年のマンションを三棟、築三十二年のオフィスビルを一棟、全部で四棟を管理しています。

わたしは、一九六一年、清川で旅館を経営する両親の間に生まれました。この辺りは、福岡で有名な祭りの一つである博多祇園山笠が行われる地区です。下町の情緒にあふれており、旅館の切り盛りに忙しい両親に代わって、近所のおじさんやおばさんによく世話を焼いてもらったことをいまでも覚えています。

旅館と自宅を兼ねていた木造の大きな建物は昭和初期につくられたもので、何本もの太い梁《はり》に支えられており、百畳の大広間、錦鯉の泳ぐ池、竹の生い茂る中庭を備えていました。年に何度も宿泊する年輩の常連客が多く、そのなかには訪れるたびに子どものわたしにかまってくれる人もいました。また、旅館の仲居さんのなかには住み込みで働く人がいて、仕事が休みの日にはわたしと一緒に遊んでくれるなど、家族のようにかわいがってくれました。このように、両親以外にもさまざまな人に面倒を見てもらいながら幼少期を過ごしました。

しかし、こうした日々は長くは続きませんでした。わたしが十歳のとき、両親が旅館業の先行きを考えて不動産賃貸業に転業したのです。慣れ親しんだ建物が取り壊され、鉄筋コンクリートのマンションが建てられたとき、思い出の詰まった建物とともに自分に温かく接してくれた人たちとの関係まで失われてしまったことを、子どもながらにとても寂しく感じました。新築のマンションは、その後の新しい住まいでもあったのですが、寂しさだけが当時の記憶として強烈に残っています。

その影響もあったと思いますが、学生時代は実家の不動産賃貸業を継ぐつもりはありませんでした。地元の大学に進んで理学部に入り、卒業した後は地元の大手医薬品メーカーに就職しました。

入社して間もないころは、先輩に助けてもらいながら何とか業務をこなしていましたが、やがて自分の仕事に余裕が出てくるようになると、積極的に後輩を指導するようになりました。幼いころ、多くの人に世話してもらっていたからでしょうか、同じ部署の後輩はもちろん、ほかの部署でも困っている人を見ると放っておけないのです。すると、そうした姿勢が評価され、医薬情報担当者の教育担当に抜擢《ばってき》されました。わたし自身が講師となって定期的に行う研修のほかにも、外部講師を招き社外の人でも参加できる薬の勉強会を不定期で開催するなど、天職とばかりに仕事に邁進《まいしん》しました。

—実家の不動産賃貸業を継ぐことになったのは、なぜですか。

一つには、九九年に父が体調を崩したことがあります。そのとき、両親から当社の後を継ぐために戻ってきてほしいと頼まれました。もう一つの理由は、当社の経営状況が非常に厳しく何とかしたいという気持ちがあったことです。所有物件は四棟に増えていましたが、どれも築年数が経ち、見た目にも古くなっていました。賃料をかなり下げていたにもかかわらず、入居率はひどい物件では三〇％程度しかなく、このままの状況が続けば近いうちに物件を手放さざるをえなくなることは明らかでした。勤務先を辞めることに抵抗はありましたが、親孝行をしたい、家業を立て直したいという気持ちが勝り、当社に入りしばらくしてから代表者に就任しました。

現状を打開する手っ取り早い方法は、物件の建て替えです。不動産業界では、物件の新しさが価値を決める大きな要素となっているからです。しかし、建て替えてもしばらくすればさらに新しい物件が登場します。新しさだけを競い合うのは、当社のような規模の小さな企業には設備投資の負担が重すぎました。

何より、耐久性に問題のないうちは建物を壊すのは嫌でした。物件には、長年管理してきた両親の愛情が染みついていますし、新築のときから住んでくれている人とは三十年にわたるつきあいがあります。そうした人たちのなかには高齢の人も多く、転居の負担をかけるのは忍びない気持ちもありました。そこで、建て替えずに入居率を高める方法を模索しました。

デザイナーの表現の場に自社物件を利用

――良い方法がみつかりましたか。

はい。打開策を得たきっかけは、二〇〇三年にビジネス誌に掲載されていた欧米のマンションの改装事例を目にしたことです。アメリカでは、マンションの部屋を借りた人が自らのライフスタイルに合うように間取りを大幅に変えることがしばしばあります。また、ヨーロッパでは、築百年以上のマンションでも安易に壊したりせず、おのおのの入居者が内装を自分の好みに合うように変えて住んでいます。このように、外観はそのままにしつつ、生活空間である部屋の間取りや内装だけを大胆に変える手法は、リノベーションと呼ばれ、欧米では日常的に行われていました。

このことを知ったわたしは、当社の物件にリノベーションの手法を用いれば、入居率を高められるかもしれないと考えました。全面的な建て替えと比べて資金も安くすみます。ただし、日本では部屋の借り手が内装を変えるという慣習はありません。内装を自由に変えて構わないと言われても、入居者はどうしてよいかわからないでしょう。この問題を解決する必要がありました。

――解決策はどのようなものだったのですか。

若手の建築デザイナーに入居してもらうことです。このアイデアは、福岡県中小企業家同友会の情報交換会で聞いた話から生まれました。

同友会は、中小企業経営者が経営に必要な能力を高めることを目的とした会で、勉強会や情報交換会を頻繁に開催しています。メンバーにはさまざまな業種の経営者がいます。わた

し は当社に入ってすぐに、経営を学ぶことと、人脈を広げることを目的に入会し、数多くの経営者と積極的に交流を図っていました。

あるとき、同友会主催の情報交換会で、「福岡の建築デザイナーは、東京や大阪と比べて表現の場が少ない」という悩みを聞きました。デザインの腕に自信があってもそれを伝える場がほとんどないため、活躍する機会に恵まれない若手のデザイナーは少なくないというのです。

このことを知り、彼らの助けになりたいと思いました。うまい方法はないかと考えるうちに、当社の物件を若手の建築デザイナーの表現の場として利用してもらうというアイデアを思いつきました。具体的には、まずデザイナーに当社の物件のリノベーションを手がけてもらい、実際にそこに住んでもらいます。そして、リノベーションに関する発表会を開いて、自らが手がけたデザインについて発表してもらうのです。これなら、デザイナーは、発表の場を確保できるうえ、同じ物件に入居するデザイナー同士で交流するきっかけを得られます。多くの若手デザイナーが集まって切磋琢磨《せっさたくま》し、しかも彼らがそこで暮らすようになれば、古いマンションがよみがえります。リノベーションを希望する一般入居者も増えるでしょう。

そこで、同友会に属する建築デザイナーや、彼らから紹介してもらった若手のデザイナーに、当社の物件のリノベーションを手がけてみないかともちかけました。その際に、手がけた物件のデザインについて発表する機会を提供することを伝えました。すると、やってみたいと興味を示してくれたデザイナーが四名いました。彼らには、四棟ある物件のうち、五十九室中十室が空いていた当時築二十七年の「新高砂マンション」を手がけてもらいました。二〇〇五年のことです。

―リノベーション後の部屋は、どのようなデザインだったのですか。

想像を上回る出来栄えでした。いくつか例を挙げると、おしゃれなカフェをイメージさせる明るい色づかいの部屋、高級ブティックのように間接照明を効果的に使った部屋、キッチンとダイニングの仕切りに透明のガラスブロックを使った部屋など、最先端のデザインを取り入れたものばかりでした。また、どの部屋にも最新のシステムキッチンやシステムバスが導入されており、快適性が確保されています。わたしは、このデザインなら多くの人の興

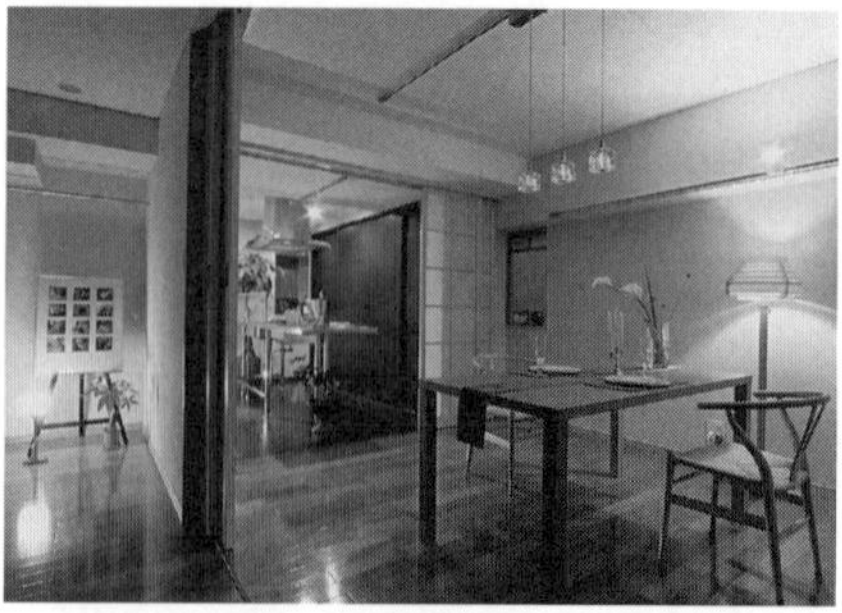

リノベーションが施された部屋

味を引くと確信しました。そして、さっそく発表会開催の準備に取りかかりました。

発表会の企画や運営は、医薬品メーカーの勤務時代に経験していたので慣れていました。同友会で宣伝してもらったり、新聞社に勤めている友人に頼み込んで地域面で告知してもらったりした結果、デザイナーや建築会社の社長、マンションのオーナー、入居物件を探している人など約百人が発表会に集まりました。発表者たちは、デザインに込めた思いを、真剣な表情で発表していました。

人気物件へ生まれ変わる

――成果はありましたか。


はい。発表したデザイナーに、マンションのオーナーからデザインの依頼が舞い込みました。また、新高砂マンションよりも古い「冷泉荘」にリノベーションを行ったうえで入居したいというデザイナーも少なからずいました。

発表会は好評だったため、定期的に実施することにしました。こうした活動が行われていることは口コミで広がり、やがて新聞やテレビでも紹介されるようになりました。若手の建築デザイナーの間で新高砂マンションや冷泉荘の名はよく知られるようになり、満室になっても入居の問い合わせが絶えません。

―デザイナー以外の入居者も増えているそうですね。

リノベーション後の物件は、流行のデザインや最新の設備を施しながら、古い外観のもつ情緒や風情を十分に楽しめます。いわば、新しさと古さが同居したぜいたくなものとなりました。

そのおかげで、三十歳代から四十歳代のライフスタイルを大切にしたい方を中心に、入居したいという問い合わせが増えています。子どものころに住んでいたのと似たような雰囲気をもつ建物に住めるので懐かしさを感じられ、かつ快適な生活を送れるところに魅力を感じてくれるようです。結果として入居者の満足度も高められたことをうれしく思っています。

二〇〇六年には、所有物件はどこも満室になりました。

デザイナーが集う冷泉荘

――最近では、貴社以外の物件のリノベーションにもかかわるようになっているそうですね。

二〇〇六年ころから、発表会の主催者である当社に対して、古いマンションを所有する人たちから相談をいただく機会が増えました。内容は、愛着のある建物を壊さずに収益性を高めるにはどうすればよいかというものです。

相談者の多くは、当社に入ったばかりのころのわたしと同じような悩みを抱え、頭を痛めていました。何とか力を貸してあげられないかという思いから、二〇〇八年に(株)スペースRデザインを立ち上げ、リノベーションに関するコンサルティングを行ったり、デザインや施工をしたりしています。さらに、古い建物の魅力を再発見するための市民啓蒙活動として、福岡ビルストック研究会というNPO法人をつくりました。リノベーションによって建て替えずに入居率が高まったマンションがあるなど、一定の成果が出ています。

思い返せば、勤務時代から嫌がられても世話焼きに奔走《ほんそう》してきました。人の面倒をみることは、損をすることも多いかもしれません。でも、そうしてきたおかげでマンションを再生できたのだと思っています。これからも、建築デザイナーやマンションのオーナーの力になるとともに、入居者の満足度を高められるように励んでいきたいと思います。

取材メモ

吉原社長は、現在、福岡県中小企業家同友会の副ブロック長として、メンバーをまとめたり、若い経営者を指導したりしているそうだ。取材時も、同社の紹介記事やリノベーション物件の写真をいくつも見せていただくなど、丁寧に対応していただいた。そんな吉原社長だからこそ、デザイナーの悩みを聞いたときに助けになりたいと考え、所有物件にデザイナーの表現の場というほかにはない価値をもたせることができたのだろう。

吉原社長の世話好きな性格は、幼少期の世話をしてもらった経験によって育まれ、勤務時代に磨き込まれた。築年数が経過した新高砂マンションや冷泉荘を若手デザイナーが集うおしゃれなマンションとしてよみがえらせた取り組みには、人と人との触れ合いを大切にし、人の世話を焼くことをいとわない吉原社長の性格が存分に発揮されている。同社は、デザイナーから始まり、いまではマンションの入居者、さらには同業者の「世話を焼く」という、ほかにはない機能をもつ不動産会社になったのである。

（立澤　隆）

10

理念を貫き
人に良い食事を提供する

レモン（株）

〈企業概要〉

代表者	秦　善尚
事業内容	弁当の製造、販売
創業	1991年
従業者数	11人
所在地	福岡県福岡市 博多区半道橋1－13－39
電話番号	092(452)5320
URL	http://www.lemon-zen.com

代表取締役　秦　善尚

子どもの健康を食事で支える

―御社がつくる給食が幼稚園や保育園で評判になっていると聞きました。どのような給食なのですか。

化学調味料などの人工的な添加物は使わず、自然に存在する食材だけで味付けしている給食です。煮物や汁物のだしはコンブやシイタケなどからとり、みそやしょうゆなどの調味料は保存料や着色料などが含まれていないものを使っています。

そして、「食事は自然の食べ物がもつ生命力をいただくこと」という考えに基づいて、その生命力が最も高まる旬の食材をできるだけ使うことを心がけて給食をつくっています。春であればセリやタケノコ、夏ならキュウリやナス、秋から冬にかけては根菜などです。さらに、主食となる米は完全に精米した白米ではなく胚芽《はいが》が残っている五分つき米を使用しています。

もちろん、こうした食材はすべて、有機肥料を与え農薬を使わずに育てられたものです。また、アレルギー体質がある子どもでもほかの子どもと同じ給食を食べられるように、卵や乳製品などを使用せずにつくることもできます。

――自然に存在する食材だけでつくっている点が園から好評なのですね。

すでに体ができあがった大人と違い、成長過程にある子どもの健康は何を食べるかに大きく影響されます。食べたものがそのまま体をつくる材料となるからです。

誤解がないようにいっておきますと、保存料や着色料などの人工的な添加物は国も使用を認めており、人体に害を及ぼすことはありません。しかし、自然に存在するものではないため、子どもの成長や健康を促すような材料にはなりえないと思います。対して自然の食材には、単純な栄養素だけでなく生命力が詰まっています。水に浸けていた玄米が発芽するような命を生み出すエネルギーです。人工的な添加物が含まれている食事と自然の食材を丸ごと使った食事では、どちらが子どもの体にとって自然で健康な体づくりに貢献するかは明白ではないでしょうか。

実際、当社の給食を食べはじめてから子どもが風邪をひきにくくなったといった話をよく聞きます。健康な体づくりには自然の食べ物がもつ生命力を取り込むことが不可欠だと、わたしは考えています。

入院し健康への関心を抱く

――秦社長は昔からそうした考えをもっていたのですか。

学生時代は剣道に打ち込み、体づくりや健康について考える機会があったはずなのですが、当時はそのための食事について気にかけることはありませんでした。関心をもつきっかけとなった出来事は二十六歳のときに起きました。地元福岡の大学を卒業し大阪の会社に就職していたのですが、突然、入院することになったのです。

病名は肋骨《ろっこつ》の骨膜炎。骨の表面を覆っている骨膜という膜に炎症が起こる病気で、細菌が入り込んだことが原因でした。命にかかわるようなものではありませんでしたが、それまで大病を患ったことがなかっただけに、大変なショックを受けました。完治まで時間もかかるという話でしたし、実家のある福岡に戻って治療に専念することにしました。会社も辞めざるをえませんでした。

結局、入院生活は一年半にも及びます。ベッドの上で寝ているだけの退屈な毎日でしたから、健康についていろいろと考えさせられます。それまでは健康だったのになぜ病気にかかったのだろうか。健康を維持するにはどうすればよいのだろうか。しかし、納得できる答えは得られず、こうした疑問はわたしの心のなかに留まり続けました。

――退院してからはどうされたのですか。

退院後は、とにもかくにも生計を立てる必要があり、それ以外のことを考える余裕はありませんでした。とりあえずは知人が経営する宅配弁当店でアルバイトとして働きはじめます。すると、適性があったからでしょうか、半年たつと正社員となり、五年後の一九九一年には勧められて独立し、オフィス向けの宅配弁当店を経営することになりました。

当初は勤めていた店と同じように、すべて手づくりであることを特徴として打ち出していただけでした。それでも、手づくりなのに一食五百円とそう高くないことや、バブル経済が崩壊しオフィスでも外食より弁当が選好されるようになったことなどから、何とか顧客を獲得できました。

――食べ物にまつわる仕事が向いていたのでしょうね。

そうかもしれません。次第に食事というものについて深く考えるようになり、やがて、入院中に抱いた疑問の答えが食事にあるのではないかと思うようになりました。関連する本を読んだりセミナーに参加したりして、食事と健康の関係を調べていくのですが、そのうち、日本の伝統的な食事が、医学的にも栄養学的にも優れていると評価されていることを知ります。

代表的なものがマクガバンレポートです。医療費の増加に悩むアメリカが、数千万ドルの国費と七年にわたる調査期間を投じて、七七年にまとめた食事と健康の関係についてのレポートで、最も健康に良い食事として元禄時代以前の日本の食事をあげています。元禄時代以前と限定しているのは、この時代に精米技術が発達し、その後は白米を食べるようになったからだそうです。つまり、精白していない穀物を中心に、豆、野菜、海藻、小魚、貝などを添えた食事が、人類にとっての理想食だと述べているのです。

ほかにも、歌手のマドンナが実践していることでも有名なマクロビオティックという長寿法で提唱されている食事の考え方があります。農薬を使わずに栽培した農産物を人工的な添加物を加えずに調理して食べることや、近隣で収穫された旬の野菜や海藻類などを食べること、野菜などは皮や根を捨てずに丸ごと摂取することなどが望ましいとされています。

――こうした健康に良い食事の存在を知って、長年の疑問は解消されたのですか。

振り返ってみると、わたしも子どものころはこうした食事をとっていました。わたしの実家では無農薬で野菜や米を育てていたこともあって、食卓にはその食材を使って昔ながらの調理法でつくった伝統的な和食がいつも並んでいましたから。

しかし、大阪で一人暮らしを始めてからは、実家で出されていたような和食を食べる機会は減りました。世間でも、食生活が欧米化したことで日本人の生活習慣病が増えたといわれていました。明確な因果関係まではわかりませんが、わたしが健康だったのに病気になったのも、食事内容が変わったことが原因ではないかと思いました。

すると、健康を維持するうえでの食事の重要性が身にしみて感じられます。子ども時代の食事への懐かしさや安心感もあって、いつしか、推奨されている食事を実践するようになっていました。おかげで、多忙な生活を送っていたにもかかわらず、心地よい疲労感のなかで充実した日々を過ごせました。こうなると、それまで得た知識や経験をもとにした食事を、多くの人に食べてもらいたくなりました。そこで、扱っている弁当の内容を切り替えることを決意します。二〇〇一年、創業して十年目のときでした。

理念が顧客を引きつける

――切り替えにあたって従業員の反応はいかがでしたか。

弁当の内容をまったく違うものにするわけですから、慣れないメニューをつくらねばなりませんし、顧客に受け入れられるかどうかもわかりません。不安に感じた従業員から、「事業は順調なのに、なぜ替える必要があるのか」と反対されました。売上や利益のことだけを考えると、確かにそのとおりでした。

しかし、わたしには一年半もの入院経験がありました。そうなった原因の一つには、食生活の変化があったと思われます。日本の昔ながらの食事の大切さを身をもって感じたからこそ、そうした食事を提供して、食べる人の健康を真剣に考えたいと思ったのです。

また、弁当という商品の性格から、顧客は食べ飽きると取引業者を替えてしまいます。事業は順調とはいっても、顧客の入れ替わりは意外に多くて、新規顧客の開拓にはいつも苦労していました。健康に良い弁当という確たる特徴を打ち出せれば、安定した取引ができるのではという期待もありました。

食事に対するわたしの信念と経営上のメリットを伝えると、従業員は理解してくれました。ただ、実際に弁当の内容を替えると、従業員が懸念したとおり業況は悪化してしまいます。理由は二つありました。

一つは、普通の野菜の二倍ほどの価格で流通している無農薬の野菜を仕入れる必要があり、仕入れコストが増えたからです。もう一つは、最初の半年間は味付けの塩梅《あんばい》がわからなくて味が不安定になり、その間に百五十社いた顧客の半分が離れていったからです。

―どう対応したのですか。

いびつな形だったり折れてしまったりして売り物にならない野菜を、農家から直接仕入れることにしました。どのみち調理するのだから、形にこだわる必要はありません。この方法だと市価の半額程度、つまり、通常の野菜と同等の値段で無農薬の野菜を仕入れられます。

また、皮や葉などの通常なら捨ててしまうような部分も使い、野菜の廃棄率をできるだけ減らしました。例えば、タマネギの根はてんぷらにすると意外においしいですし、サトイモの皮は塩を振り小麦粉をまぶしてカリッと揚げるとサトイモチップになります。これは、野菜は丸ごと摂取するという健康に良い食事の理念にものっとったことであり、安全に食べられる無農薬の野菜だからこそできたことです。

このように仕入れや食材の使い方を工夫して、何とか仕入れコストを抑えましたが、新たな顧客の獲得はなかなかうまくいきませんでした。オフィスで選ばれる弁当は、健康に良いかどうかよりも内容量や味が決め手になることが多かったからです。


――売上を増やすためには、健康に関心がある顧客を探すことが重要になりそうですね。


「人に良い食事を提供する」という経営理念を掲げ、メニュー表やはし袋などに「あなたの健康の五年後・十年後を考えます」というキャッチコピーを印刷したり、ホームページに健康に良い食事に関する情報を掲載したりしました。しかし、思うように売上は伸びず、苦しい経営状態が数年間続きます。

風向きが変わりはじめたのは二〇〇五年です。ある幼稚園から子どもたちの給食を手がけてほしいと依頼があったのです。安心して食べられる給食をつくってくれる業者を長年探していて、自然食品店に勤めるわたしの友人から、当社の経営理念を聞いたのだそうです。理念を社内外に発信し続けた成果がようやく出たのだと感じました。

その後、当社の給食の評判は口コミでほかの幼稚園や保育園に広まっていきました。それまで新規顧客の開拓に苦労していたのがうそのように園からの注文が入ってきて、しかも継続して取引してくれます。二〇〇九年四月には約三十の園の給食を扱うまでになり、オフィス向けの弁当に対応できなくなったことから、園の給食を専門に扱うことにしたほどです。最近では、健康に良い食事についての講演会や料理教室を開催しています。子どもの健康を考えると、給食だけではなく家庭の食事も健康に良いものにすることが重要だからです。家庭に情報を提供することで、もっと子どもの健康を支えられる企業になりたいと思っています。

取材メモ

オフィス向けの販売がメインだったころ、秦社長は売上を維持するために常に新規顧客の開拓に迫られ苦労していたという。しかし、「人に良い食事を提供する」という経営理念を掲げたことで、幼稚園や保育園との取引が始まった。園は経営理念に共感して取引しているので、業者を替えられる心配がない。しかも、子どもの健康づくりに

同社の給食を楽しそうに食べる子どもたち

貢献しているというやりがいを感じられる。一転して、楽しい気持ちで仕事ができるようになったそうだ。

このように同社の経営が変わる要因となった経営理念は、健康に良い食事にとことんこだわる秦社長の個性から生まれた。この個性は、伝統的な和食を食べていた子ども時代にすでに潜在していたものが、入院という不慮の経験をきっかけに顕在化し、さらに独学で知識を身につけることで形成されたものである。そして個性によって生まれた理念が、同業他社との違いを明確にし顧客を引きつけた。経営に投影できる個性は必ずしも最初から自覚しているものだけとは限らない。何かをきっかけに覚醒し、さらに磨きをかけた個性もまた差別化の源泉になりうるのである。

（井上　考二）

11 コインパーキング経営の軍師となる

(株)創新

〈企業概要〉

代表者	田中 亨
事業内容	コインパーキングの施工、管理
創業	2003年
従業者数	12人
所在地	佐賀県鳥栖市村田町840−5
電話番号	0942(87)5508
URL	http://www.soh-shin.co.jp

代表取締役 田中 亨

電気工事士の道から転身

―事業の概要を教えてください。

オーナーからの委託を受けて、コインパーキングの施工や管理を行っています。業務の一連の流れを説明しましょう。まず、施工業務では、立地条件や敷地の形状を調べたうえで、全体のレイアウトや車室とよばれる駐車スペースの数、料金設定等の計画をつくります。それから敷地の舗装や機械の設置へと進み、最後にチラシ配布やのぼり旗設置といったオープンまでのＰＲ活動を行います。管理業務は、オープン後の運営に必要となる集金、売上の集計、機械の保守点検やセキュリティ対策などを請け負うものです。

創業は二〇〇三年とまだ歴史は浅いのですが、近年は自社オリジナルのコインパーキング機械の開発や製造にも取り組んでいます。

―もともとこの事業に関係する仕事をしていたのですか。

実は若いころは、父が経営する電気工事店を継ぐつもりでした。そのため、高校の建築科を卒業し、十四年にわたって電気工事士として修業を積んでいました。

転機は一九九九年に、コインパーキング事業を営む会社に勤める知人から、一緒に働いてみないかと誘われたことでした。せっかく経験を積んだ道から外れることに迷いはありましたが、ちょうどそのころは家業の売上が伸び悩み、継ぐことに不安を覚えていたこともあって、転職を決めたのです。

ところが、入社から四年ほど経ったころ、勤務先が突然他社に買収されてしまいました。それをきっかけに独立を決意し、同僚五人と共に当社を立ち上げました。買収から半年後のことです。

――準備期間が短いなかで、うまくスタートできたのですか。

管理契約の一部を勤務先から引き継ぐことができ、当初からある程度の仕事を確保できました。

その後も、より良いサービスを提供しようと、料金メーターを改良してピッキング対策を施したり、コンピューターを通じてリアルタイムで稼働状況の確認ができる通信管理プログラムを機械に入れたりと、さまざまな取り組みを重ねていきました。その結果、新規の管理契約も増えていき、二期目には百カ所以上のコインパーキングを所有する企業から管理を任せられるようになりました。

一方、大きな課題も感じていました。コインパーキングの経営に興味をもつ人のなかには業界にあまり詳しくない個人の方も大勢います。全国展開する大手企業もいるなかで、まだ業績に乏しい地方企業の当社をあえて選ぶような人は多くはありませんでした。この厳しい競争下でさらに業績を上げていくには、決定的に差別化を図れるサービスが必要と考えていました。

体で覚えた習性が活きる

―具体的に何かアイデアがあったのですか。

頭にあったのは、勤務時代に抱えていた悩みを解消することです。

勤めていたころは毎月、担当するオーナーに業務報告する機会がありました。しかし、その内容はというと、月の売上金額を説明するのみ。たとえ数字が悪くなっても、申し訳ありませんと頭を下げて終わるだけなのです。これは勤務先に特有のことではなく、近隣の同業者でも同じような状況だったようですが、わたし自身はオーナーに対し建設的な意見を出せないスタイルを歯がゆく感じていたのです。

日常的な管理業務をこなすだけでなく、戦略的なプランを提案する営業を展開できないだろうか。独立後もその思いを抱きつつ経営を続けていたのです。そうした折、わたしの背中を押してくれる出来事が起きました。

―何があったのですか。

管理契約を当社に切り替えてくれたあるオーナーから、十車室あるうちの一カ所の機械がうまく作動しないと連絡が入りました。さっそく現場を確認すると、原因にピンときました。その車室は、車の出入りを感知するセンサーの位置がまずく、ロック板の誤作動を招きやすかったのです。オーナーに尋ねると、案の定、以前から同じ車室だけよく誤作動が起きるとのことでした。これでは修理しても、また同じ状況になりかねません。

根本的な原因は車室のレイアウトにありました。狭い敷地に目一杯車室を設けたため、センサーの設置場所にも無理が生じていたのです。また、問題の車室があることで、全体的に駐車しにくくなっているという問題もありました。運転に自信がある人でなければ、あえて利用はしない状況でした。そこで、わたしは、思い切ってその車室をなくしてしまおうと提案したのです。お金をかけて設置した車室をわざわざ取り外そうというのですから、オーナーはすぐには納得しません。しかし、車室を減らすメリットを懸命に説得し、何とかゴーサインをもらうことができました。

工事の結果は思惑どおりでした。利用者から故障に対するクレームがなくなったのはもちろん、駐車しやすくなったことで残りの車室の稼働率が上昇し、オーナーに大変喜んでもらえたのです。

提案が実ったこの経験を通して、コインパーキングの運営でも工夫次第で売上改善の余地はあると確認できました。さまざまな提案ができるようになれば、オーナーの満足度や信頼度は格段に高まり、当社が選ばれる決め手になると自信を深めたのです。

―前の管理業者はずっと見過ごしてきたにもかかわらず、なぜ田中社長は改善案を思い切って実行できたのでしょうか。

かつての電気工事士時代に染みついた習性のおかげかもしれません。建物を新築する場合、電気工事士は電動工具や作業用照明の配線、建物内のコンセント用の配線などを施します。

ここで大切なのは、実は全体のレイアウトを考えることです。単純に電気を通すことだけ考えていると、配線が建築作業の邪魔になって、大工や左官が引っかかったり、切ってしまったりするからです。コンセント用の配線も指示どおりにやるだけでなく、図面から入居後に増設の要望が入りそうな位置を判断して、線を残しておくといった配慮が求められます。一人前になるには、まず全体像をイメージし、後工程での作業に支障がないか、建物を使ううえで不便になりそうな点はないかと考えながら、あらかじめ手を打っておく技術が必要なのです。父のもとで修業しているときに、それを徹底的にたたき込まれました。

そのため、コインパーキングでも、必ず現場を見て、人や車の動きを頭でシミュレーションするようになりました。だからこそ、レイアウトの悪さにすぐ気づき、自信をもって改善を提案できたと思うのです。コインパーキングに戦略を取り入れようと執着してきたのも、電気工事士時代の習性が影響し、現場の全体像から問題を見つけ、手を打ちたいという気持ちが強かったからかもしれません。

良き管理者から良き軍師へと

―しかし、現場から具体的な改善策を見出せるケースはむしろ少ないのではないですか。

確かに現場を見るだけでは難しいと思います。そもそも電気工事士時代に対策を立てられたのも、配線後の工程や入居予定者といった、現場の全体像をイメージできる情報を図面や施工主から入手できたからです。

ですからコインパーキングでも、一目見るだけでは知りえない情報を収集するよう努めました。例えば、どういった利用者が多いのか、時間帯や曜日ごとの傾向はどうかといった情報です。そのために有効なのがデータ収集機器です。もちろん、周囲にはパーキング機械が集計したデータを運営に役立てようとする同業者もいました。ただ、わたしは、市場でよく流通している機械の多くには、集められるデータが少ない、分析結果が数字の羅列ばかりでわかりにくいといった問題点を感じていました。参考となる情報があまり得られず、コインパーキングごとの特徴を頭に描きにくかったのです。

そこで考えたのが、より詳細なデータを収集でき、分析結果のわかりやすさも追求した新しい管理システムでした。その導入に向けて、機械とソフトウエアを自社で開発することにしたのです。

―開発はスムーズにいったのでしょうか。

資金も人手も不十分だったため、実現はかなり先になるだろうと考えていましたが、思わぬチャンスが訪れました。コインパーキング機械の大手メーカーの部長が、当社が導入しているリアルタイムの通信管理手法に興味をもち、見学したいと言ってきたのです。部長を案内しながら、新しい管理手法に向けた開発アイデアがあると説明したところ、面白いのでぜひ一緒に開発したいとオファーを受けました。大手企業と提携できたことで、計画は順調に進み、四期目を迎えた二〇〇六年に新システムが誕生しました。

このシステムでは、各車室の入庫時間と出庫時間をすべて記録しているので、時間帯別の売上、車室ごとの稼働状

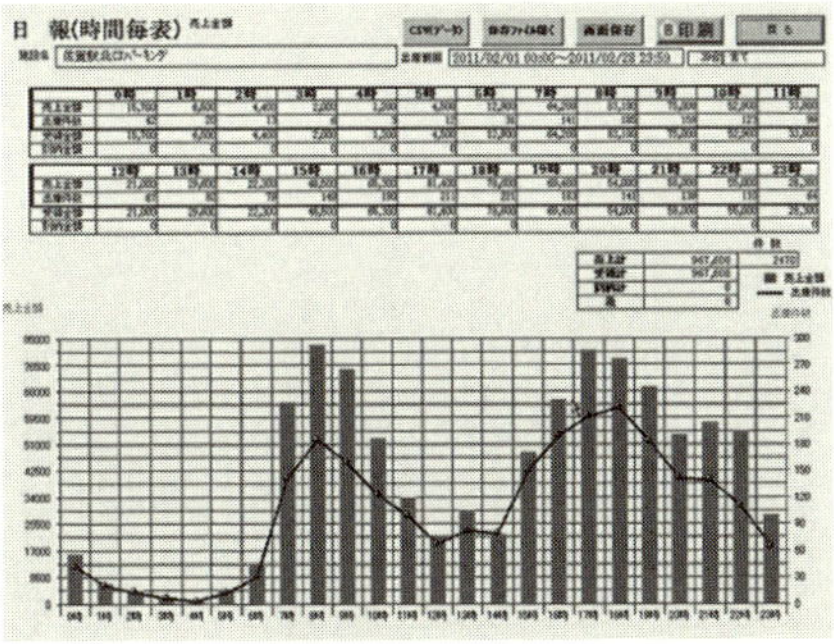

稼働状況の分析例

況などが分析できます。また、セキュリティカメラの映像からナンバープレートや車種を識別できるようにしているので、利用が多いのは軽自動車か高級車か、といった多様な切り口で見ることが可能です。
さらに月の売上をカレンダー形式で表示して曜日ごとの比較をしやすくしたり、利用時間を車室ごとにグラフで表示したりといった、稼働状況の見える化機能も充実させました。問題点を洗い出しやすくし、オーナーにも車の動きをわかりやすく説明できる強力なツールとなったのです。

―具体的にデータがどう役立つのでしょうか。

単純な例でお話しします。仮に料金設定が六十分百円のコインパーキングがあり、利用時間が三十分以内の車が多いとわかったとしましょう。ここでは料金設定を百二十分百円に変えることが有効です。割安感が出るため稼働状況が上がり利用者は増えるでしょう。一方、実際には三十分以内で出庫する人が多い状況は変わらないため、回転の早さや平均単価はほとんど変わらず、売上アップにつながるのです。
車種も有用な材料になりえます。例えば高級車の駐車が多いのであれば、車室の数を減らしてスペースを広くとる戦略です。高級車に乗る人は他車に接触されることを特に嫌います し、車のサイズ自体も大きめのものが多いため、ゆったり停められる場所を好みます。一方で、駐車料金にはあまりシビアではありませんから、車室が広い分料金設定を高めにしても稼働率は落ちないのです。

データの収集と分析に力を入れたことで、一つ一つのコインパーキングについて、運営の青写真が描けるようになりました。オーナーのために管理を代行するという立場から一歩踏み込んで、戦略的アドバイスをおくる右腕のような役割も担えるようになったのです。

新システムの導入以来、管理件数はもちろん、新規の施工件数も着実に伸びてきました。各オーナーとの信頼関係もさらに深まり、わたしが思い描いていた姿の企業へと成長することができたと自負しています。

―近年はコインパーキング以外にも事業を展開しはじめたそうですね。

経営が軌道に乗ったことから、派生して防犯カメラの製造販売やソフトウエアの受託開発といった事業にも取り組むようにもなりました。

なかでも最近力を入れているのが、電気自動車用の安価な充電機械の開発です。まだまだ普及が進んでいない電気自動車ですが、いずれは台数も増えていき、コインパーキングのような身近にある屋外施設が充電拠点として活用されていくはずです。今の世の中全体の流れを頭に描くと、そういう日がくるように思えるのです。

取材メモ

創業以来、田中社長は、トライアル発注事業や経営革新計画といった公的な中小企業支援事業に応募し、数々の認定や承認を受けてきたそうだ。

まだ世の中に浸透していないビジネスモデルや製品を第三者に理解してもらうのは難しい。それでも田中社長が毎年高い評価を受けられた背景には、資料づくりやプレゼンテーションにおいて、まず全体像をイメージするという習慣が活きたこともあるに違いない。同時にそれは、自らの強みにいっそう磨きをかける鍛錬の場にもなっていたはずだ。

長い月日をかけて身についたものであっても、使わなければさびついてしまう。己の武器を自覚し磨き続けていたことも、田中社長がコインパーキング経営者の軍師として采配《さいはい》を振れるようになった一因なのだろう。

（今野　慈彦）

12 アートのある書店

（株）長崎書店

〈企業概要〉

代表者	長崎 健一
事業内容	書籍の販売
創業	1889年
従業者数	10人
所在地	熊本県熊本市上通町6－23
電話番号	096(353)0555
URL	http://nagasakishoten.otemo-yan.net

代表取締役社長　長崎 健一

美術館をイメージした店づくり

―落ち着きを感じさせるお店ですね。

お客さまにリラックスした気持ちで本に触れてもらいたいという考えから、落ち着いた空間づくりを心がけました。

約百坪ある店内の壁はやわらかい印象の白を基調にしています。書棚やレジまわりの内装にはこげ茶色の木を多く使うことで、モダンで温かみを感じる雰囲気にしました。またお客さまが圧迫感を感じないよう、書棚の高さは低めにし、ゆっくりと本を手に取ってもらえるように、通路の幅にもゆとりをもたせています。

何より、落ち着いた印象を与えるのは、店内の中央にある六坪ほどのギャラリースペースではないでしょうか。ここでは、熊本出身の芸術家が手掛けた絵画や写真といった作品を月替わりで展示しています。暖色の照明をあてることで、より寛《くつろ》いだ気分で作品を鑑賞できる空間に仕立てており、これが独特の雰囲気を醸し出すのに一役買っています。

品揃え自体は単行本や文庫本、雑誌、漫画本というように一般の書店と大きくは変わりません。ただ、店舗の入り口付近やお客さまの目に入りやすい場所には、デザインや建築など芸術関連の本をあえて並べるなどして、店内の雰囲気を損なわないようにしています。

―どうしてこのようなお店をつくられたのですか。

二〇〇六年に大規模なリニューアルをしたのですが、その際イメージしたのは、子どものころからよく足を運んだ美術館でした。

当店は一八八九年の創業で、父が三代目として店を継いだときには、市内でも有数の老舗書店となっていました。老舗の主として恥ずかしくないようにと、父は若いころから芸術や文化などに関する教養を身につけてきました。特に当店は熊本城から目と鼻の先ほどの距離にあることから、熊本の歴史、文化への造詣が深く、地元への愛着も人一倍強かったようです。

熊本城がある公園内には県立美術館や市立熊本博物館

店内にあるギャラリースペース

などもあり、父によく連れていかれました。以来、芸術的な才能とは無縁なわたしですが、美術館はとても身近な場所になっていったのです。

―大学を中退して家業を継いだとお聞きしました。

経営状況が芳しくないことを父から聞き、家業に入ったのは二十一歳のときです。当時、わたしは東京の大学へと進学し、経営学を専攻していました。かねてより父に書店主としての心構えを説かれ、いずれ実家を継ぐつもりだったこともあって、東京でのアルバイト先には大手の書店を選びました。慣れない都会暮らしに、昼間は大学、夜はアルバイトという多忙な日々でしたが、美術館には足しげく通いました。静寂、凛とした雰囲気が毎日の忙しさを忘れさせ、頭の整理をすることができるからです。父から店の状況を聞いたときも、美術館に足を運び、じっくりと考えてから決断しました。

二〇〇一年に大学を中退し、熊本に戻りました。働きはじめると、当店の抱える問題が見えてきました。

父は地域のつながりで、外部の会合に出席することが多く、たびたび店を不在にしていました。そのため経営者の目が行き届かず、従業員の士気は緩んでいました。あいさつや清掃という基本的なことすら、おろそかになっていたのです。父も、店を従業員に任せている手前、なかなか注意できなかったのでしょう。結局のところ、経営者も従業員も、店、ひいてはお客さまに無関心だったのです。お客さまは敏感です。これでは来客数が減少するのも仕方ないと思いました。

過去との決別

――何か手を打ったのですか。

常務に昇格した二〇〇三年、就業規則を見直し、昇給制度や退職制度などを整備しました。やる気のある従業員にはきちんと報いる一方で、やる気のない従業員には相応の給料しか払わないようにしました。賞罰の仕組みを整えさえすれば、おのずと真剣に仕事に向き合うだろうと考えたのです。

なかには、新しいやり方に賛成してくれない従業員もいました。一年足らずの間に、五人の従業員が当店を去りました。当時の従業員は十人ほどでしたから、一気に人手不足に陥りました。
　このため肉体的にも精神的にも追い込まれたのですが、何より苦しかったのは、古参の従業員を失ってまで改革に取り組んだのに、来客数の減少に歯止めがかからなかったことでした。いまにして思えば当然ですが、書店はほかにもたくさんあります。接客水準などで他店と肩を並べただけでは、一度離れたお客さまは戻ってきません。

―何が足りなかったのでしょう。

　社会人になって間もないわたしの知識や経験ではすぐにはわかりませんでした。しかし、若いからこそより多くのことを吸収できると考え、時間を見つけては地域の書店を訪ね歩き、打開策を探りました。参考になったのが、福岡にある書店でした。わずか十三坪ほどの小さな書店にもかかわらず、根強いファンがたくさんいるのです。店主に話を聞くと、自己の世界を広げられる本をコンセプトに、文芸書から芸術書にいたるまで、店主自らが吟味した本を揃えていました。こうした明確な想いが、お客さまの心をつかんでいるのだと感じました。
　一方で当店は、あらゆる本を揃えようとしたり、数冊の本を届ける外商を続けたりするなど、全方位を向いて仕事をしていました。漠然と売れ筋の本だけを並べるのではなく、当店ならではのメッセージを提案していく姿勢が必要でした。

ひょっとすると美術館がヒントになるのではないかと感じました。わたしが美術館を好きなのは、展示そのものへの興味もありますが、美術館という空間に身を置くとリラックスし、豊かな気持ちになれるからでもあります。本を好きな人は、選ぶときもこのうえなく楽しいに違いありません。美術館のようにゆったりとした空間をつくり、お客さまと新たな本との出会いを演出すれば、より豊かで楽しい時間を過ごせるはずです。

幸い当店は百坪近くあります。美術館をイメージした店舗へと改装し、その一環としてギャラリーを設けることを考えたのです。

早速、父に相談しました。当初は思い切ったアイデアに難色を示しました。一世紀以上にわたって築き上げた老舗の歴史が失われるように感じたのでしょう。

そこで、展示する作品は熊本県で活動する芸術家のものを中心とすることを思いつきました。そうすれば、地域の文化を守り伝えていくという老舗としての使命も果たすことができます。こうして父を説得し、最終的には納得してもらいました。もしかすると父にも、幼いわたしと一緒に美術館に行った思い出がよみがえったのかもしれません。

――品揃えも重要になりそうです。

書籍の品揃えについては、わたしから改装後の店のイメージを伝えたうえで、従業員の裁量で仕入れる本を増やしました。売れ筋の書籍、定番の雑誌はいわば常設展です。しかし、美術館に企画展があるように、わたしや従業員の視点で選んだ書籍を置いて初めて、本当の意味でお客さまに新しい本、新たな興味との出会いを演出できるはずです。

折しも就業規則の見直し後、従業員は読書アドバイザーの資格を取得するなど、自己研鑽《けんさん》に励むようになっていました。そのなかで、これはと思う本を読みためていたようです。彼らに力を発揮する場をつくってあげれば、仕事のやりがいが増すでしょうし、品揃えの厚みもぐっと増します。おかげで、リニューアルに向けて芸術関連の本にとどまらず、小説や専門書、絵本に至るまで、お客さまに自信をもっておすすめできる品揃えを実現する体制が整いました。

一方で、スペースに制約があることから、芸術性とは縁遠く、ターゲットが学生に限られる学習参考書の取り扱いはやめました。また、実際に店に足を運んで、本との出会いを楽しんでもらいたいと考え、外商からも撤退しました。

ギャラリーが生みだす書店の個性

―いざやってみてどうでしたか。

当初、ギャラリーがうまく軌道に乗るかとても不安でした。本来であれば販売する書籍を置くスペースであることから、わずかながらも出展料を取るようにしたからです。出展料を払ってまで、作品を展示するだけの価値が当店にあるのか、自信はありませんでした。

しかしその思いは杞憂《きゆう》に終わりました。地元の新聞などに取り組みが掲載されると、熊本の芸術家から出展オファーが殺到するようになりました。出展者を熊本の芸術家に限定したことで、マスメディアも地域密着の取り組みとして注目したようです。また、芸術家のみなさんには、美術館や博物館ほどハードルが高くなく、不特定多数の人に作品を楽しんでもらえることで、新たなファンを開拓できる点が評価されたのかもしれません。いまでは一年先まで展示スケジュールが埋まっています。

うれしい誤算もありました。ギャラリーへの出展を機に、従業員も含めて芸術家のみなさんとの交流がもてるようになったのです。アトリエを訪ね、芸術や熊本の将来について語り合う。わたし自身、芸術に日々触れられることはとても楽しいものです。従業員にも良い刺激となり、店全体に楽しい雰囲気が伝わっていきました。

客足も少しずつ戻りはじめました。なかでもこれまであまり来店することのなかった二十歳代から四十歳代の女性が増えました。仕事や家事に忙しい方々が、わざわざ足を運んでくれるようになったのです。とりわけ、小さな子どもがいるお母さんはなかなか自分の時間がもてません。そのなかで、ささやかな息抜きの場として当店を訪れてくれているのです。この変化にはとても勇気づけられました。

――書店の立ち位置が見えてきたのですね。

二〇〇九年には四代目社長に就任し、新しい企画を次々と生み出しています。

一つは多彩な芸術家と共同で開催するイベントです。そのために、店舗三階の倉庫を改装して小さなホールをつくりました。先日、「男性のモテ講座」を開いたところ、意外にも女性から大反響をいただきました。こうした取り組みを通じて、お客さまの反応を見たり、コミュニケーションを深めたりすることで、品揃えや、次回の企画づくりに活かしています。

二〇一〇年の夏には「La Bunko!」という小冊子を制作しました。書店に行くと、出版社が作成したおすすめの本の紹介冊子が置かれているでしょう。その冊子の長崎書店版ともいえるのですが、本を紹介するのは熊本出身の有名人や、熊本で活躍している人たち百人です。ギャラリーを通じて培った人脈のおかげで、このようなアイデアを実現させることができました。友人や同郷の人など、親近感のある人からすすめられた本があったら、手に取ってみたくなりますよね。こうした取り組みは大手書店やネット書店には真似できないし、地域の書店だからこそやらなければいけないことだと思います。

当店が昔もいまも本を売っていることに変わりはありません。しかし、わたし自身のなかでは、大きな変化がありました。それは本探しや読書を通じて「心が豊かになる瞬間」を提供しているという想いが芽生えてきたことです。そのヒントは、これまで足しげく通った美術館の魅力を自分なりに改めて整理するなかで見つかったように思います。大したことはできませんが、これからもお客さまの心を豊かにするお手伝いを通じて、熊本をより魅力ある街にしていければと考えています。

親子連れに好評の絵本読み聞かせイベント

取材メモ

長崎書店の総力を結集した「La Bunko!」は、美術館が好きで、地元熊本を愛してやまない健一さんの個性がカタチとなったものでもある。クリエイターたちがおすすめの本を紹介する〝空間〟に、とことん熊本色をちりばめた。表紙の挿絵を描いたイラストレーター、裏表紙を飾る女性タレント、そして撮影するカメラマン、みな熊本出身者を起用するこだわりようだ。

徹底的に地元の素材にこだわったものは、外から来た者の興味をそそり、内にいる者をほっとさせる。健一さんの取り組みは、内外問わず心をつかんで離さない芸術作品に仕上がっている。だが健一さんは冷静だ。「長く愛される書店になるためにはまだ時間がかかる」。次の百年を見据えるその目は、眩《まぶ》しいほどにかがやいている。

（藤田　一郎）

第Ⅱ部　論文「組織の硬直化を打破する個人

―中小企業で豊かな意味充実人を育てる―」

中部大学経営情報学部経営学科教授　寺澤　朝子

1 はじめに

生きとし生けるものすべてに寿命があるように、生物にたとえられることも多い社会における組織にも同様に寿命がある。そのなかでも会社組織は、わずか一〜三年の寿命で終わってしまうものも少なくないが、一方では数百年以上連綿と続いているものもある。寿命が短い組織と長い組織の違いは一体どこにあるのだろうか。

筆者の専門分野である経営組織論では、組織の環境適応能力にその違いを見出している。すなわち、変化する環境に合わせて柔軟に組織を変化させることができれば、組織は生き残ることができるが、周りの環境が変化しているにもかかわらず、あるいは変化していることに気づかず、何も手を打たずにいれば組織は存続できずつぶれてしまう。

本稿では、組織が柔軟性を発揮できなくなる「組織の硬直化現象」に注目し、硬直化のメカニズムを説明する。硬直化は組織の病気であり、放置すれば環境適応能力を失い組織をつぶしてしまう可能性が高いため、いったん硬直化した組織は変革する必要がある。

他方、病気にならないための予防、すなわち普段から組織を硬直化させない工夫をしている企業もある。本稿では、組織の硬直化をうまく予防している中小企業がもつ、さまざまな仕掛けについても紹介する。

最後に、一人ひとりの人間と組織とのかかわり方に焦点をあてる。われわれは組織に所属すると同時に組織からさまざまな影響を受け、組織のなかでの適切なふるまい（行為のパターン）を学ぶ。所属する組織に染まっていくことで、組織のなかで円滑に活動することができるようになるが、逆に組織の外で起きている環境変化を見逃しがちになり、所属する組織を客観的に観察、判断することができにくくなってしまう。本稿では、現代の人間像として「意味充実人モデル」を紹介し、組織による管理に従いながらも、その管理を完全に受け入れているわけではない人間の特徴を示す。

中小企業においては、社長などのトップ自らが豊かな意味充実人であることが望ましいと同時に、豊かな意味充実人モデルに合致する人を採用したり、社内で育成したりすることが、組織存続の要諦であることを明らかにする。

2　組織はなぜ硬直化するのか

(1)　組織の生成プロセス

組織の最小単位は、二者間の社会的相互作用であり、著名な組織論者であるワイクは、二者による互酬的行為の連結が組織の生成単位であると主張する(Weick 1979)。ワイクによれば、目的ではなく手段が一致すれば組織は形成される。組織は多様な目的を追求する人々の間で形成され、人々はそれぞれの目的を追求する手段として協調的に相互に依存しあい、行為を連結する(多様な目的→手段の一致)(図1)。繰り返し行為が連結され、各人が継続的に利益を得られるなら、それがもっとも便利な欲求充足や目的追求の方法となり、行為の連結自体が自己目的化し、組織自体の維持、存続という共通目的が生じる(手段の一致→共通の目的)。さらに、明確な共通目的が生じれば、その効率的な達成のために、組織を構成する主体間の行為の調整を円滑に行うために暗黙の規範や明文化可能なルールが必要となり、分業や階層化が生じる(共通の目的→手段の多様化)。手段の多様化すなわち組織が単

図1　ワイクの集団発展プロセス

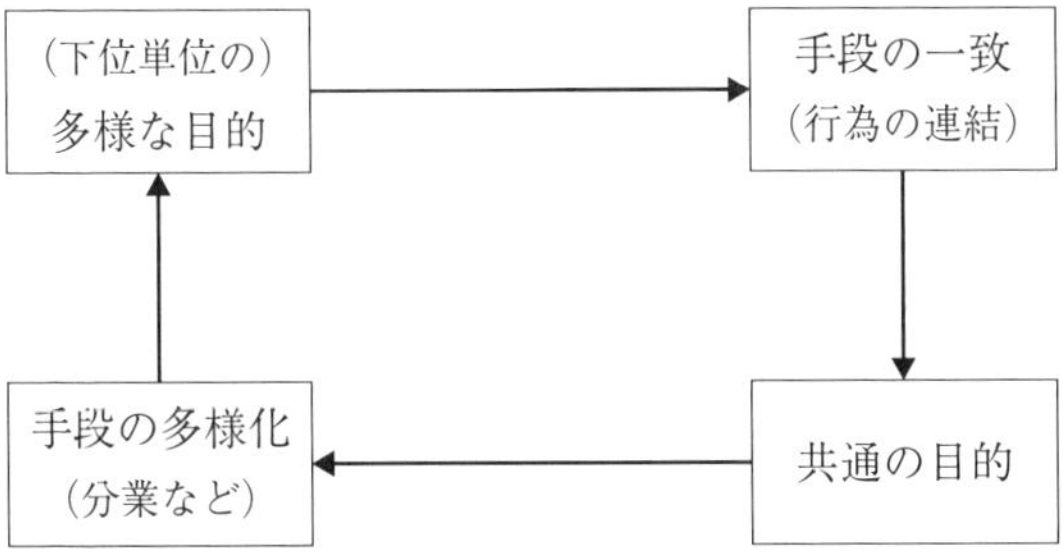

資料：Weick（1979）より筆者作成。

位ごとに専門化されることによって、組織メンバーは専門的課業に注意を払い、組織全体にあまり関心を払わなくなる（手段の多様化↓下位単位の多様な目的）。

ワイクは、手段の一致があればその時点で組織が形成されうると主張するが、近代組織論の祖と呼ばれるバーナードは、その主著『経営者の役割』において、共通目的が組織成立に不可欠であると主張する（Barnard 1938）。同じ志をもつメンバーが集まって起業する場合には、バーナードの主張の方が腑《ふ》に落ちるかもしれないが、ワイクは社会で発生するあらゆるタイプの集団も視野に入れていること、またバーナードの主張がワイクにおける共通の目的が生じた後のプロセスを強調していると理解できれば、両者の主張は矛盾なく解釈することが可能であろう。

いずれにしても、どのような企業であっても、最初から立派な構造や制度を備えた大企業から始まることはない。

同じ志をもつ数少ないメンバーが会社を起こし、会社の成長に合わせて徐々に、メンバーの役割が分化していき、組織の構造や制度が整えられていく。組織構造は、チャンドラーが「構造は戦略にしたがう（Structure follows strategy）」と主張したように、変化する環境のなかで、企業が生き残るための戦略やその時々に提供する製品やサービス、必要とされる組織の機能に合わせてつくられる。職能部門制組織や事業部制組織、あるいはカンパニー制組織といった組織構造の形態などは、時代や環境の要請から生まれてきたといってよい。また、そのなかで組織メンバーが遵守《じゅんしゅ》すべきルールは、組織メンバーの行動を規定し、一定方向に向けるための有効な手段であり、標準的手続きや各種の文書の作成は、組織メンバーが増えたために、その円滑な活動や情報共有に必要なものとして生まれた。

（2） 安定性と柔軟性

ワイクによると、組織が存続するためには、安定性と柔軟性の同時表出が必要である（Weick 1979）。彼は組織化の進化モデルを利用してそれを説明するが、そのエッセンスを示すと次のようになる。

組織が、変化する環境のなかで生き残っていくには、変わらないところ（安定性）と変わるところ（柔軟性）の両方をバランスよく表出する必要がある。すなわち、組織構造や組織プロセスがある程度の期間維持され、組織メンバーの行動が役割に応じて日々同様に繰り返される部分と、既存の手法を変えてみたり、新しい製品やサービスを提供するために、新しい組織構造を採用したりすることによって、組織メンバーの配置や役割を変化させる部分を同時に実現するのである。

ワイクは、組織に入ってくる情報を一方では信用し、他方では疑うことによって、両者の均衡は維持できるというが、それは「言うは易し行うは難し」であり、どこを変えて、どこを変えてはいけないのかということを日々の組織における活動のなかで判断することは難しい。

また、組織の生成プロセスにおいて、一度環境適応に成功すると、どうしても柔軟性を失いがちになり、安定性のみを発揮する傾向が強くなる。それが組織の硬直化を生む。硬直化は組織の病気であり、階層や職能による部署間の壁ができ、責任の所在が曖昧《あいまい》になり、意思決定のスピードが遅くなるなどの兆候があらわれる。硬直化した組織においては、さまざまな前例や慣例にしばられ、組織メンバーは権威主義や属人思考にとらわれて、自由に意見を言える雰囲気がなくなる（岡本・鎌田 2006）（注1）。

図2　ナドラーの成功シンドローム

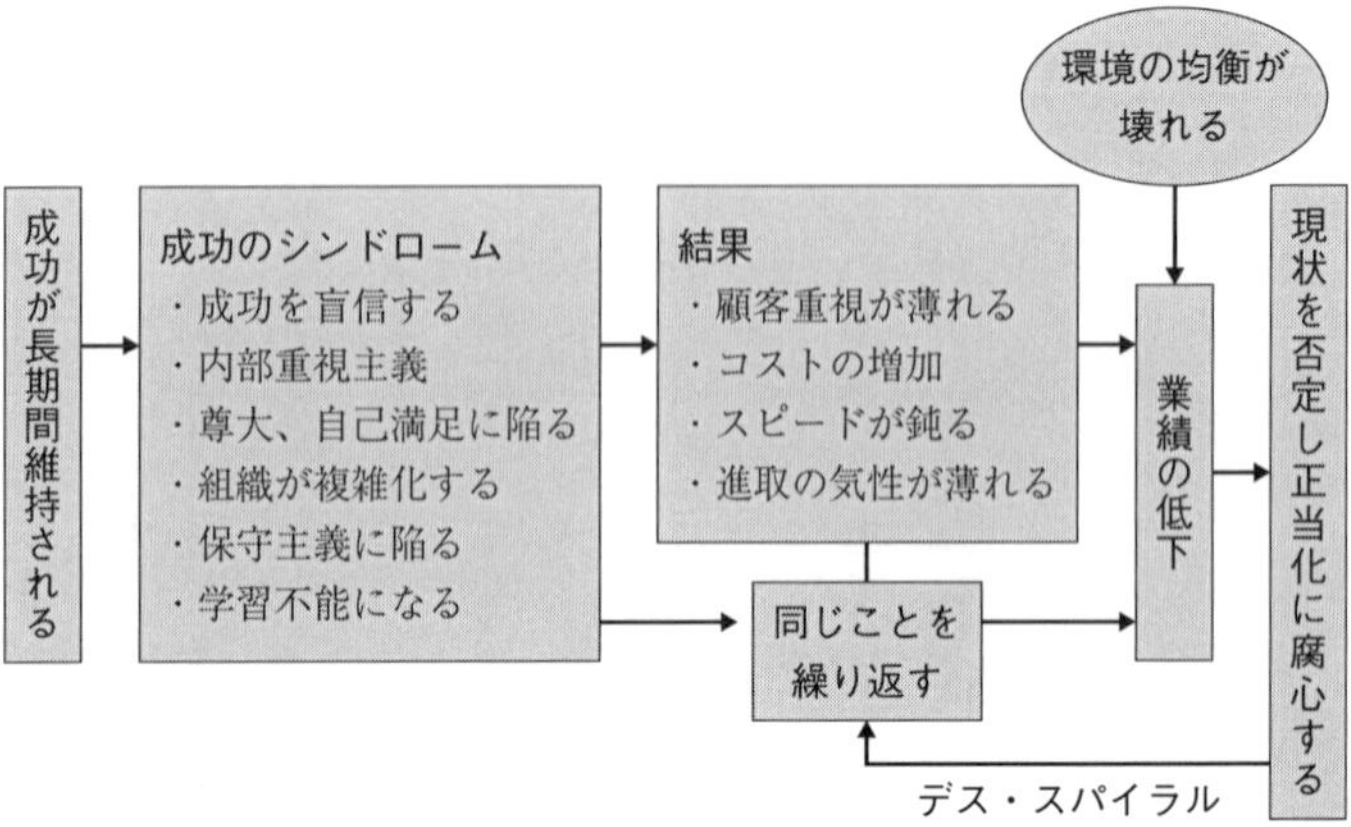

出所：D. A. ナドラー、R. B. ショー、A. E. ウォルトン著、斎藤彰悟監訳、平野和子訳（1997）『不連続の組織改革』

組織の硬直化に関する既存の研究としては、簡単に次の三つを紹介しておこう。まず、古川は人間と同様に組織にも年齢があり、青年期→中年期→老年期の三つの時期に分けることができるという（古川 1990）。老年期の集団は、役割と行動の固着、思考様式と行動様式の均質化とワンパターン化などにより、活力を落としていくといっている。また、レナード・バートンは、開発組織が陥りやすい硬直性の罠《わな》として、コア・リジディティという概念を提唱している（Leonard-Barton 1992）。その兆候は、①過去に慣れ親しんだアプローチを選択する、②良好な業績を上げているプロセスに固執する、③慣れ親しんだ技術や市場に集中する、④情報源や解決方法を内部に求める、といった傾向に見られる。

さらに、ナドラーの成功シンドロームも、図2に示したように、硬直化した組織にあらわれる兆候である（Nadler, Shaw and Walton 1995）。組織が比較的うまい具合に長期間存在することと自体が、硬直化を生み、組織をデス・スパイラルに陥れる状況を生み出すというパラドキシカルな側面を明らかにしている。こうした組織の硬直化は、①組織のなかの個人の認知に原因を求めるもの、②組織主体（構造、プロセス、メカニズム）に原因を求めるもの、あるいは③その折衷型や両方にまたがっているものに分類できる。

（3）個人の認知の特徴と組織の硬直化

長期にわたって存続し、硬直化に対する何らかの対策を行っていなければ、人間が老化していくのと同様に、組織は自然に硬直化する傾向をもっている。それは、われわれ一人ひとりの認知の特性に依存するところも大きい。

組織がリスクをとって、新しいことに挑戦したり、既存の手法を変化させたりする動機は、周りの環境が変化していることに気づき、新しい機会を発見したり、組織の存続に危機感をもつことである。もし、周りの環境の変化に気づかない、あるいは気づいていても気づかないふりをしていたら、当然のことながら現状を変えようというアクションは起こさない。

人間は、見たいものだけを見るという選択的知覚をもっていることはよく知られているが、硬直化を組織にもたらす認知の特性の一つに、「日常化へのバイアス」がある。例えば、人々は災害の警報を受け取ったとき、その内容を明確にしたり、確認したり、否定したりするような付加的な情報を獲得しようとする。けれどもこのとき、異常な事態を平常的・日常的なものにゆがめ、危機到来の予兆を異常事態とは無関係の身近で日常的な事柄にひきつけて解釈する傾向がある（池田 1986）。この日常化へのバイアスがはたらくと、危機に関する情報をいくら流し続けても、人々は平常的な解釈（たんなる誤報だろう）をとり続け、警報を信用しようとしない。これに加えて、集団のなかでその状況が起きたときには、アッシュなどに明らかにされているような「多数派同調バイアス」もはたらくので、ますます警報を誤報に違いないと互いに確認し合って安心してしまう可能性もある。

さらに、組織のなかでは、互いの行為が密接に連結しているため、ある組織メンバーの行為によって相手に伝達した反応が、相手である他のメンバーの行為を変えてしまう。これは社会的相互作用における「自己達成予言」的な作用である。例えば、ある上司が部下の能力が高いと信じて、彼を励まし適切に指導すれば、当該の部下が本当にもともと能力が高かったかどうかはともかくとして、上司の行為が部下をうまく動機づけ、高い業績を上げることがある。その逆のパターンもまたありうる(注2)。この作用は、他のメンバーに大きなパワーをもっているメンバーであれば、より強い影響力をもつ。組織のなかの自己達成予言的な社会的相互作用によって、組織のなかで安定的に動機づけを高めることもできれば、逆に密接な社会的相互作用があることで組織メンバーの環境に関する認知が固定化し、環境に生じた変化に気づかず、組織の硬直化を促進してしまうこともある。

このように、組織を構成する人間は、自らの認知の特性や陥りがちな落とし穴を常に意識していなければ、自然に組織を硬直化させてしまう。硬直化してしまった組織は柔軟性を発揮できず環境適応能力を失うため、存続の危機に陥る。この場合、組織を変革する必要がある。

そこで次節では、硬直化した組織を治療する、組織変革について考えよう。

3　硬直化した組織を変革する──治療

(1)　組織変革の二つのアプローチ

「組織を変える」といった場合、ただ、表面的に組織構造や組織における人事制度や報酬制度を変えるだけでは意味がない。変化には、組織メンバーの意識の変化を伴っていることが重要である。逆に、組織構造や制度に目立った変化が見られなくとも、組織メンバーの意識変化や行為の変化が生じており、組織の柔軟性の発揮に寄与していれば、組織が変化したといってもよい。組織のなかの単位である特定の部署において、その長が変わっただけで、部署の雰囲気ががらりと変わり、生産性が著しく上がったり、逆に下がったりすることがある。これは、彼/彼女が、その組織を変化させたといってもよいであろう。

一般に、組織変革のアプローチは、その契機となる階層上の相違から、トップダウンのアプローチと、ボトムアップもしくはミドルアップダウンのアプローチに大別される（図3）。トップダウンのアプローチは、組織のトップや上層部が現状に危機感を抱いて、組織を変化

図3　2つの変革のアプローチ

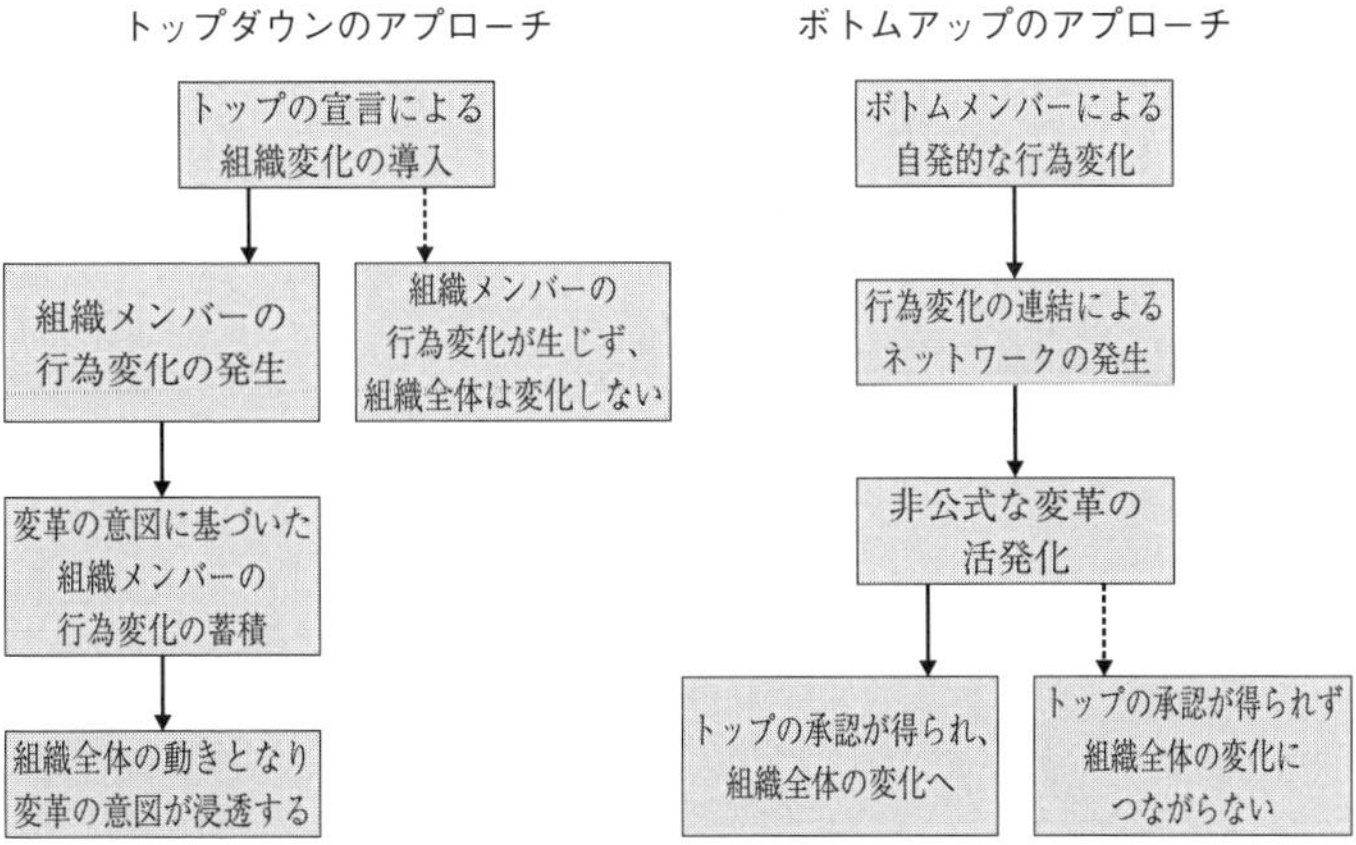
トップダウンのアプローチ
トップの宣言による組織変化の導入
組織メンバーの行為変化の発生
組織メンバーの行為変化が生じず、組織全体は変化しない
変革の意図に基づいた組織メンバーの行為変化の蓄積
組織全体の動きとなり変革の意図が浸透する
ボトムアップのアプローチ
ボトムメンバーによる自発的な行為変化
行為変化の連結によるネットワークの発生
非公式な変革の活発化
トップの承認が得られ、組織全体の変化へ
トップの承認が得られず組織全体の変化につながらない

資料：筆者作成（以下同じ）

させようとするものであり、後に紹介する中小企業の変革はこのパターンが多い。ボトムアップもしくはミドルアップダウンのアプローチは、トップではなく、比較的下位の階層の組織メンバーが、組織の現状に危機感を募らせ、仲間を増やしながら、組織のなかに新しい動きをつくっていく方法である。この場合、組織のトップから早い段階で承認を得ることができなければ、組織全体の変化につなげていくことは難しい。

トップダウンの組織変革が失敗する最大の原因は、変革の意図が現場の組織メンバーまで浸透せず、組織メンバー一人ひとりの行為の変化が生じないままで終わってしまうことである。例えば、トップ自身の態度に問題があったり、上層部が変革に対して分裂している様相が見えたり、変革の意図を階層を通じて現場のメンバーに伝える情報伝達経路に問題があることが考えられる。いたずらに組織構造や制度を変えただけで、かえって混乱を引き起こし、変革によって組織のなかに不信感が生じることすらある。

他方、ボトムアップの組織変革が失敗する最大の原因は、変革プロセスのある時点で、組織のトップから承認を得られないことである。せっかく組織メンバーが危機感に基づいて自発的に行為変化を起こし、変革のネットワークが生じて組織が活性化しはじめても、組織のトップがその動きを批判、抑制する態度を見せれば、変革を主導したメンバーらは徐々に孤立し、組織全体の変化には決してつながらない。

(2) 変革のダイナミズム

組織に何らかの変化を生じさせようとすれば、当然それぞれの立場や価値観に基づいて、組織内でさまざまなメンバー間のダイナミズムが生じる。それらのダイナミズムをうまくマネジメントすることができなければ、変革の試みはかえって組織を混乱に陥らせるだけで、何の成果も得られない。

図４　変革プロセスにおける組織メンバーの４つのタイプ

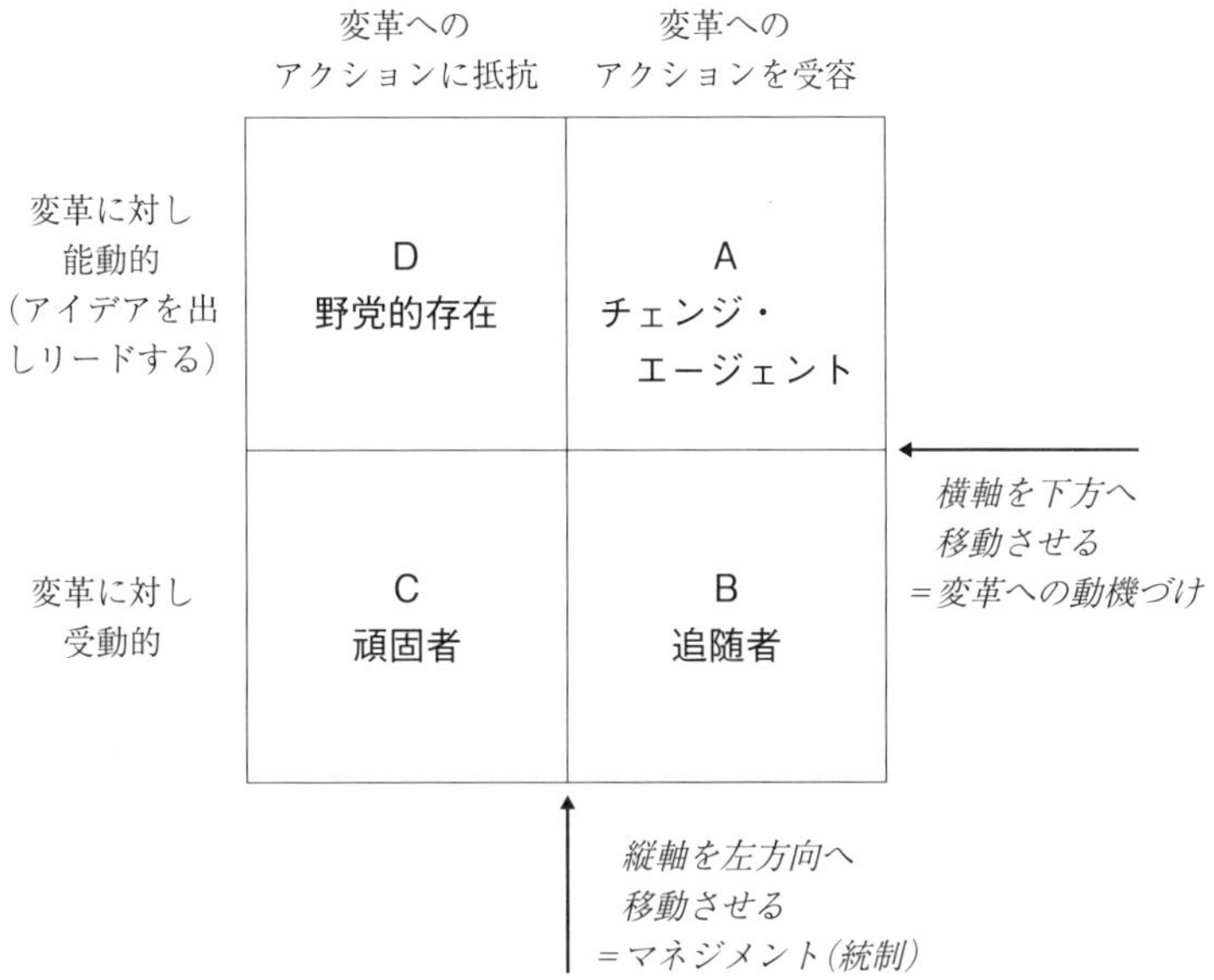

マネジメントのこつともいえる第一の手法は、変革のアイデアを集めて一つの方向に決める創始の時期と、変革を実施する時期、その変革の成果を定着させる時期といったように、変革の経過に合わせた手法を取ることである。第二の手法は、変革に対するさまざまな立場の組織メンバーを見極め、トップやそれぞれの部署の管理者がうまくはたらきかけていくことである。例えば、筆者は次のように四つの組織メンバーのタイプを区別して、変革のダイナミズムを捉えようとした（図４）。

まず、Ａのチェンジ・エージェン

トは、現状に危機感を感じ、自ら変革を起こそうとするメンバーである。組織のトップがチェンジ・エージェントになることもあるが、そうでない場合は、トップからある程度の権限を与えられたリーダーがその後の変革を牽引《けんいん》する鍵となる人物になる。変革の創始の段階では、変革に対し能動的ではあるが、チェンジ・エージェントとは異なるアイデアを主張する野党的存在（D）が混在している。チェンジ・エージェントと野党的存在との相互作用や建設的討議から、変革に関するビジョンが決まる。変革の方向性が定まり、その他の組織メンバーを巻き込む段階では、変革へのアクションを受容する追随者（B）と変革へのアクションに抵抗する頑固者（C）を見極め、変革への自発的なアクションをうまく促していく必要がある。追随者のなかで変革に関する自律的な行動を取れるメンバーが増えていけば、多くの部署が活性化する可能性が高まる。他方、頑固者のなかでも、しぶしぶながら変革へのアクションに賛同するメンバーが出てくるかもしれない。そういったメンバーは追随者となるが、最後まで抵抗する頑固者の存在をいかに無害なものにできるかが、トップや管理者の手腕が問われるところであろう。また、変革の創始の段階で、チェンジ・エージェントと野党的存在が混在することは、その変革が誤った方向に進んでいくことを防ぐ作用もある。チェンジ・エージェントと追随者だけの組織は集団浅慮に陥る危険性を秘めている。

以上を踏まえて、次に、中小企業における組織変革をみていこう。

(3) 中小企業の組織変革

筆者の行った調査から推察すると、中小企業はトップダウンの組織変革を試みることが多いようである。その理由の一つとして、トップが創業者であったり、カリスマ的な存在であることが多く、他のメンバーに与える影響が非常に大きいことが考えられる。トップへの権力集中が顕著であり、トップが組織を強力に引っ張っていくことで、危機を乗り越えようとするのである（寺澤・弘中 2003）。

この場合、トップとそれ以外のメンバーの立場の違いが、変革への妨げになることが多い。組織が適応すべき環境は、組織メンバーにとって、「現実」であり、存在を自明視されている。その「現実の自明性」を維持し、公式に擁護《ようご》しているのが、中小企業の場合、トップである。つまり、これこそが組織の現実だと信じているものは、多かれ少なかれトップによって確認されているがゆえに現実性をもっているのである。

しかし、先述したように、トップダウンの変革が失敗に終わる最大の原因は、トップの変革の意図が、現場の組織メンバーまで浸透しないことである。中小企業においても権力の大きさの差やトップのカリスマ性が、トップとその他の組織メンバーとの間に認識ギャップを生む可能性が高く、変革の意図が伝わらない可能性が大いにある。筆者が行った調査のなかで驚いたのは、数十人規模の中小企業であっても、トップと現場の組織メンバーの認識に大きな差があったことである。部門間の風通しの悪さも大企業と差はなく、部門間の組織メンバーの異動については、むしろ大企業の方が頻繁に実施されていた。つまり、役割と行動の固着や部門間の壁については、中小企業の方が生じやすいといえる。

そのなかで、トップダウンの組織変革を成功させるためには、トップ自らが、その他の組織メンバーとの間にある認識ギャップをしっかりと認識したうえで、組織全体に変革の意図を浸透させる努力をあらゆる手段を利用して行う必要がある。他方で、役割と行動が固着しがちな中小企業の組織メンバーが、自分の役割以外の課業内容や他部署の状況を知ることで、技術的にも経営的にもより幅広い視野で自らの課業をとらえるような学習機会を増やしていくことも重要である。ボトムのメンバーまで、企業の置かれている環境や向かっている方向性について情報を共有できれば、メンバーがトップの意図を理解できる可能性が高まる。「依《よ》らしむべし、知らしむべからず」という考え方では、トップダウンの組織変革は成功しない。

中小企業においてトップダウンの組織変革が成功したケースでは、次に挙げるような取り組みを粘り強く行っていたことが、筆者のヒアリング調査から明らかになっている。

まず、変革のビジョンの構築と、新しいビジョンの周知徹底である。従業員百六十五人をかかえるある中小企業では、不況下にあり、従業員は将来への不安から積極的な行動を取れず、社長も従業員とのコミュニケーションに非常に苦労していた。そこで、トップ自らが講師を務める社内研修の機会を利用して、新たに構築した変革のビジョンを何度も説明し、五年間かけてビジョンを浸透させた。同社では、トップが他のメンバーに対して、なぜそのようなビジョンをもつに至ったかを、自社の強みやポジションの分析といった自らの情報収集の結果とともに、熱意をもって伝え、理解を求めている。その際、「従業員が会社にとっていかに重要であるか」「貴重な従業員を解雇するなど絶対にありえない」ということも伝えて、従業員に積極的な行動を促したのである。この社長と現場の従業員の直接対話によるビジョンの浸透は、従業員が少ないからこそできる中小企業の変革の手法であり、トップ自身の相当な覚悟も要求される。

次に、従業員の複眼化がある。組織内には、トップとボトムの間や、部署の異なるメンバー間にも認識ギャップが存在する。一般に、トップは従業員よりも社内の各部門と部門間、ならびに顧客や仕入先といった社外との取引関係まで含めた広い範囲で現実を認識している。一方、従業員は、多くの場合、自らが経験した業務の範囲内に認識範囲が限定されてしまいがちである。従業員の認識範囲を広げて、異なる視点があることに気づくようにし、トップとの共通理解を促進するためには、従業員の複眼化を進めることが重要である。すなわち、社内における他の従業員の業務について理解していること、社外の状況について理解していることの二つのタイプの複眼化である。

筆者の調査したメーカーでは、日常的な新製品開発にかかる業務において社内の交流を図る仕組みを取り入れていた。部署を超えた混成チームをいくつかつくり、新製品のアイデアを競わせるなかで、従業員に創造性の発揮を促し、自分とは異なった考え方や視点があることを気づかせている。

組織は分業によって機能しているため、組織メンバーがそれぞれ与えられた役割を忠実に行うことが重要である一方で、そのこと自体が役割や行動の固着を生むために、組織は硬直化してしまう。組織を変革するためには、硬直化してしまって必要以上に高くなってしまった部署間の壁を壊す試みが必要になる。

他方、組織が硬直化しないような仕掛けをもつことによって、安定性と柔軟性をバランスよく表出させることを可能にしている企業もある。硬直化が組織の病であるとするならば、病にならないようにうまく予防しているのである。

4　組織が硬直化しない仕掛けをもつ――予防

(1)　組織の硬直化を防ぐリフレーミング

組織が安定性ばかりを表出するようになることは、個々の組織メンバーのレベルで考えると、行動がパターン化し、リスクを恐れて、新しいことに挑戦しようとしない状況である。トップ自身が保守的な姿勢をみせれば、権威主義的な風土をもつような組織のメンバーは、ますます前例や慣習にとらわれ、自分に与えられた役割を無難にこなすことに腐心する。組織メンバーの視点は内向きになり、自分の組織が置かれた環境に生じているさまざまなシグナル（機会や脅威）に気づきにくくなったり、気づかないふりをしたりしてしまう。

人は状況を意味づけ、解釈する存在であるが、同じような状況には、同じような意味をつけがちである。それは、自らが形成してきたフレームワークをもっているためであり、そのフレームワークに基づいて周りの状況を解釈するからである。個人がもっている認知の特性が、組織の硬直化の原因になっていることは先述したが、「日常化へのバイアス」や「多数派同調バイアス」、認知の「自己達成予言的傾向」にとらわれることで、周りの環境が変化していることに気づかず、周りの環境から自分にとって都合の良い状況のみに注目し、既存の意味づけを変えようとしない。

それに対して、リフレーミングとは、既存の刺激に別の意味づけをすることである（注3）。リフレーミングは、既存の状況に適合しない新たな情報が手がかりとして見出され、それが重要であると認識されたり、インパクトの強い具体例が目の前につきつけられることによって、これまでの状況の解釈が通用しないことがわかったときに生じる。これまでの自分の考えや解釈が通用しないということに気づくことは、不安や緊張など一般的に否定的な感情を引き起こす。ときに強力な喪失感を伴うこともある。しかし、それらを避けるよりもそれらを克服して、新たな状況の理解を獲得することができれば、むしろ明瞭性の感覚が得られ、満足することもある。

安定性と柔軟性のバランスの良い表出を可能にしている組織では、このリフレーミングを促進するために、安定性を保つ日常的な状況のなかで、柔軟性を発揮できる非日常的な状況を意図的につくり出す仕掛けをもっている。次では、ユニークな形で非日常的な状況をうまく創出している中小企業の取り組みを紹介しよう。

（2）非日常的な状況を創出している中小企業の事例

（株）サワーコーポレーションは、一九九一年に大手電器メーカーを早期退職した技術者である澤入精氏（現会長）が創業した会社である（注4）。独自のメタルマスク洗浄機を開発し、国内市場のシェア九〇％を誇っている。

同社の社是は、「地球益につくす」であり、毎年従業員からの募集によって決定されるスローガン「顧客感動経営」「夢を描き実現していける会社」などとともに、従業員の行動指針として掲げられている。スローガンは社内のいたるところに掲示され、いやおうなく目に入るようになっている。また、従業員一人ひとりが、スローガンをどのように具体的な行動に移したかについて文章を書き、それを小冊子にして社内に公表するという試みを行っている。例えば、「顧客に満足を超えた感動を！」というスローガンを社内に浸透させるために、営業部の一人が、顧客に非常に感謝された例を文章にする。その文章をホームページ上で公開し、小冊子にまとめる。小冊子は、取引先や社外にも配布される。自らの行動が社内外の賞賛を浴びることによって、さらに強い動機づけになる。また、その様子をみた他の従業員は自分の体験談も公開しようと動機づけられる。

同社では、従業員が社是の下で自律性をもってはたらくことを促すため、従業員が全社のマネジメントの観点からものごとを判断する力を身につけさせる工夫を怠らない。例えば、「経営の日」をつくり、新入従業員であっても経営会議の司会をさせ、会社の全体像をなるべく早い段階で把握させる。また、組織のなかで生じがちなトップとボトムの認識ギャップをなくすため、工場で使用する作業台や整理棚、駐車場のコンクリート張り等の作業を従業員全員で行う「建設の日」を設けている(注5)。その日棟梁となった人には、従業員全員、たとえ社長であっても絶対服従である。棟梁となった従業員は、段取りを考え、全員に指示・命令を出し、リーダーシップを発揮しなければならない。この状況を体験することで人を動かす難しさを痛感するという。

同社の従業員は、自分の役割に基づいた行為を忠実に実行することと同時に、その行為を全社的な物事の流れのなかで見直すことや、ビジョンに照らして客観的に考えることを求められる。社内に非日常的な状況を意図的につくり出すことによって、組織メンバー一人ひとりが柔軟性を発揮できるようにしているのである。

（3）組織メンバーの能力を活かす

リフレーミングを促すような非日常的な状況を生み出すために、研究開発プロセスを活用している中小企業も多い。筆者が調査したある企業では、試作品を評価・検討するデザインレビューの会議に、トップをはじめ、各部署からのメンバー、さらには仕入れ先の企業を参加させることによって、さまざまな角度から意見を求める。このデザインレビューを通じて、異なる部門の従業員同士が自然と交流するようになり、社外からの視点も含めた互いの意見を聞く過程で異なる視点を獲得することができる。同社の開発担当者は、このデザインレビューを経るごとに大きく成長するという。

また、新製品開発のためのチームをあえて社内に二チームつくり、互いに競わせることにした企業もある。チームメンバーは社内公募し、チームの構成にはなるべく多様な部門の従業員を混合することを意識したという。こうした試みによって、各チーム内のコミュニケーションがよくなり、二チームが競いあうなかで、社内の既存技術を利用した開発であったとしても、異なった製品開発のアイデアが出てくる。そのプロセスを通じて従業員は自分のもっているフレームワークを広げることができるようになるのである。

中小企業は、限られた数のメンバーの能力を最大限に活かすことで、生き残りを模索しなければならない。そのためには、従業員の考える力を養い、他社にはない創造的なアイデアで勝負することが今後ますます重要になってくる。先に紹介した(株)サワーコーポレーションでは、問題があったときにそれを解決するアイデアを十通り考えさせるという。二つや三つならだれでも思いつくアイデアであり、五つなら努力すれば何とかなる。しかし、十通り考えるとなるとすごく苦しい。頭が痛くなり、気分が悪くなる。そこまで考えて初めて同社オリジナルの発明ができると同社は考える。組織メンバーにとっては、とても負担の大きい仕事のように思えるが、こうした大変なことも当たり前のことと考える、あるいは良い癖にしてしまえば、それほど大変だとは認識されないのかもしれない。

われわれを取り巻く環境は多様な解釈が可能であるし、その環境にはたらきかけていくアプローチも多様である。組織メンバー一人ひとりが、適切なリフレーミングによって、これまでとは異なった状況解釈をしたり、いくつもの解釈の可能性に気づいたりすることは創造性の源泉であり、組織が柔軟性を発揮するために必要不可欠なことである。

5　従業員をどのような存在としてとらえるか――人間像の変遷と現代の人間像

（1）全人格と組織で表出する部分人格

バーナードは、組織のすべての参加者は、二重人格――組織人格と個人人格――をもつものと考えている（Barnard 1938）。組織で見られる個人の行為は、組織人格に基づいた行為であるといえる。例えば、軍隊のなかでは、個人の行為は強く組織人格によって支配されているので、その行動は個人が要求するものとはまったく矛盾するかもしれない。ワイクも、社会心理学で見逃されてきた概念として部分的包含を認め、個人がある特定の集合構造のメンバーと連結している行為は、彼が連結しているすべての行為の一部にすぎないと主張している（Weick 1969）。

筆者は、組織における個人は、自らの属する組織ごとに部分人格をもっていて、その部分人格に基づいて行為すると考える。そうした部分人格の包括的総合体のような存在が、全人格であり、両者の関係は、図5のようにイメージされる。

図5　全人格と部分人格の関係（イメージ）

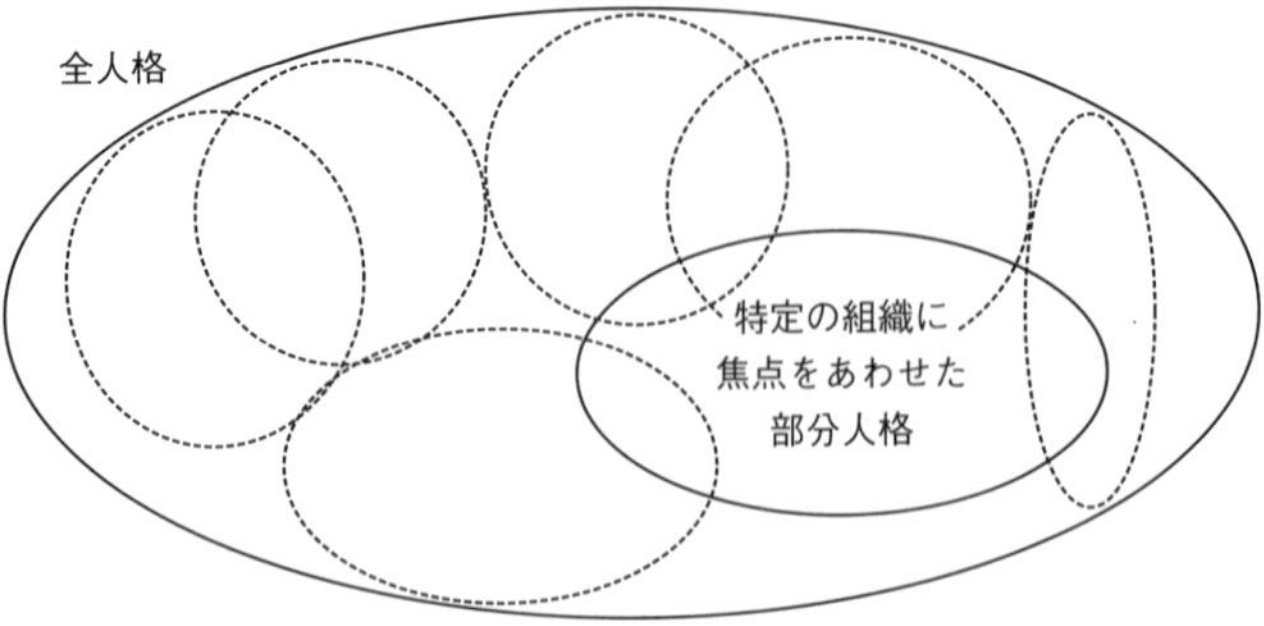

部分人格と全人格の関係は、表現することが難しい。部分人格は、個人が属するある組織に焦点をあてた場合に浮かび上がってくるような人格特性である。そこでは、それぞれ属する組織ごと（家庭、職場、地域社会など）に区別されて独立した部分人格があることになるが、その単純な総和が個人の全人格になるわけではない。全人格における部分人格間の関係は、あくまでシームレスで、境界はないが、互いに影響を及ぼしあっているような存在である。こうした部分人格と全人格の区別を行うことで、次のような問題を扱うことができる。

①部分人格間の調整・葛藤《かっとう》による、仕事に投入する努力量や課業遂行量の変化（例えば、子どもを遊園地につれていく時間を優先し、会社の仕事の手抜きをする従業員）。

②ある組織に焦点をあてた部分人格が、他の組織に基づいた部分人格の変容の影響を受けて変化する可能性（問題の原因を他人に帰属させるばかりであった父親が、息子の不登校をきっかけに自分の責任を認識し、妻や子どもとのかかわり方を変化させる。すると、この父親としての部分人格の変容が、他の部分人格の変容に影響を与え、会社における部下との関係についても変化する可能性がある）。

③全人格的な認識の観点から、組織を変化させようとしたり、組織を離れるという意思決定をしたりする可能性（リフレーミングによって、属する組織の自分の人生にとっての意味を問い直したり、課業における自分の役割認識を再解釈したりすることによって行為が変化し、組織変革の契機をつくったり、組織メンバーであることをやめてしまったりする可能性がある）。

これからの組織には、組織が柔軟性を発揮することに貢献する、あるいは硬直化した組織を変革することのできる人材が必要となる。そのためには、組織において表出する部分人格が、組織にあまりに従属的であったり依存的であったりすることは望ましくない。やはりある程度の自律性をもっていることが望ましい。筆者は、現代の人間像として、後述する「意味充実人モデル」を提示し、これからの企業に必要な人材として「豊かな意味充実人モデル」を紹介したい。

それに先だって、組織のなかの個人がこれまでどのように認識されてきたかを概観しておく。

（2）人間像の史的変遷

経営側が、労働者である従業員をどのようにとらえてきたかに関して、組織行動論では歴史的に大体三つの時期に区分し、それぞれの時期に支配的であった人間像が存在するとしている。管理手法はその人間像に合わせて開発され、発展してきたといえる。

産業革命を経て、機械を利用した大規模工場での生産が発展した二十世紀初頭にほとんどの工場で観察され、問題となっていたのが「組織的怠業」である。当時、アメリカのフィラデルフィアでエンジニアとして働いていたテイラーは、この問題を解決するため、「科学的管理法」という画期的な管理手法を考え出した。労働者の作業を動作研究と時間研究によって分析し、作業ごとに標準作業時間を導き出したのである。この管理法によって、労働を数値化して管理できるようになり、労働者は賃金による刺激のみによってひたすら機械や道具の一部のように働き続けるしかなくなったのである。この時代の人間像は「経済人モデル」と呼ばれ、経営者、管理者は経済的刺激、すなわち賃金によって労働者の行動を統制しようとしていた。

一九二〇年代から三〇年代は、科学的管理法による応用条件を調べていた「ホーソン実験」によって、「経済人モデル」を否定するような新たな人間像が生まれた。シカゴのホーソン工場で行われた実験では、照明の明るさなど作業条件を変化させる「実験群」と条件を変化させない「統制群」の生産性を調べたが、ほとんど例外なく、変化が導入されるたびに実験群の生産性が上がり、条件を元に戻しても生産性が上昇し続けるという驚くべき状況が見られた。結局この実験によっては、物理的な作業条件ではなく、仲間との連帯意識や労働者の感情に根ざした態度が生産性を決めることが明らかになった。作業グループのメンバーが非公式な社会的関係を構築したことによって、高い凝集性が見られ、監督者とのコミュニケーションが非常に円滑になるなかで、従業員は高い職務満足を覚えていたのである。この時代の人間像は「社会人モデル」と呼ばれる。

六〇年代は、人間の最高次の欲求は自己実現欲求であることを主張したマズローの「欲求階層説」が広く認知されるようになった時期である。自己実現欲求を満たそうとする人間は、自ら目標を見つけ、それにチャレンジすることに喜びを感じ、能力を伸ばすことに努力をいとわない。しかもこの欲求は満たされることなく、ある目標を達成すると、次の目標に向かって努力し続ける。企業にとっては、企業の目標達成や業績向上に努力する従業員が必要であるから、従業員自身が企業のなかで自己実現していくことで自らも成長の喜びを感じられる状況が、企業にとっても個々のメンバーにとっても理想的である。この時代は「自己実現人モデル」が支配的となる。

(3) 意味充実人モデル

その後、画一的な人間像を否定する「複雑人モデル」(注6)などが生まれるが、筆者は先述した部分人格と全人格の概念を援用した「意味充実人モデル」を提示したい。歴史的に概観してきた「経済人モデル」「社会人モデル」「自己実現人モデル」は、ある特定の会社組織における部分人格が表出する欲求のみを考えているが、一人の人間の全人格を想定した場合、彼/彼女は、さまざまな組織(家族や地域社会など)に属し、それぞれに合わせた部分人格を表出しているはずである。

フランクルは、マズローの自己実現欲求を次の二つの理由で批判している(Frankl

1966)。一つは、自己実現欲求を満たそうとし続けることは決してその人間を幸福にしないからであり、もう一つは、快や幸福がそれをもたらした経験やプロセスと無関係に語られているからである。人間が感じる幸福を考えるためには、その人間の置かれた過去や現在の状況、すなわちコンテクストを重視すべきであり、人間が何に意味を見出すかという問いから始める必要がある。

人間が満足感を得るのは、自分にとっての意味づけを終えたときであり、意味づけが完了したという充足感、満足感を得られることが幸福をもたらす。人生における意味を充実させることを中心においた人間像が「意味充実人モデル」である。

組織に属するメンバーは、その組織に合わせた部分人格を表出している。それは、組織のなかで期待された役割を果たすことであり、メンバー自身が組織のなかで実現できる目的を追求することである。一つの組織のなかにも、多様な目的をもったメンバーが存在し、多様な役割を果たしている。先述したように、全人格と部分人格を区別して考えた場合、意味充実人モデルは次のように表現することができる。

意味充実人モデルは、組織という統制主体からの影響を全人格的な視点から把握し、組織の統制に従うことや自分に与えられた役割を果たすことで、組織における社会的生活に適応しながら、組織の統制を完全に受け入れているわけではないという人間の特徴を表している。意味充実人は、自分にとって何が幸せであるか、何が真の目的であるかを熟考したり、自らの置かれた立場や役割期待に関する意味を生成もしくは既存の意味とは違う意味を付与することで、組織に焦点を合わせた部分人格を、全人格の観点から変容させる可能性をもっている。

さらに、これまでに属してきた組織や場が多く、さまざまな経験を積んできた人間の方が、属してきた組織や場が少ない人間よりも、既存の状況に別の意味をつけるリフレーミングがしやすく、課題解決のための多様なアプローチを創出できる可能性が高い。だとすれば、たいていの人間は、自分の人生の意味を充実させようとする意味充実人であるが、そのなかでも「豊かな意味充実人」といえる人々がいそうである。この豊かな意味充実人こそが組織を変革する主体となる。

組織を硬直化させないためには、非日常的な状況をつくりだし、組織メンバーのリフレーミングを促すことが大切である。他方で、柔軟性を失って硬直化に向かっている組織のなかで、いち早く組織を取り巻く環境変化に気づいて、危機意識をもち、何らかの行動を起こすメンバーが必要である。豊かな意味充実人を採用し、育てることが、組織の硬直化を予防し、企業の長期間に亘《わた》る存続を可能にする鍵であるといえないだろうか。

6　おわりに

第Ⅰ部の事例編で紹介されている経営者は、みな豊かな意味充実人であるといえる。人生の転機に生じたリフレーミングによって新しいビジネスモデルを発見したり、新製品や新サービスのヒントを、他の組織や場で表出していた部分人格の行為から導き出したりしている。人にとっての幸せは、経済的欲求や物質的欲求を満たすことや、円満な人間関係による社会的欲求を満たすことではなく、社会のなかで生きている自らの人生の意味づけをすることであり、特に経営者は、社会に何らかの貢献をしていると意味づけることができたときに満足感、充足感を感じるのである。

本稿では、組織の特徴を明らかにすることで、組織に硬直化をもたらす原因と硬直化した場合の組織変革の手法、さらに硬直化を予防する方法について述べてきた。組織を動かしているのは人間の行為であり、それらの行為において柔軟性を発揮することができなければ、変化する環境のなかで淘汰《とうた》される可能性が高まる。特に中小企業においては、従業者数が相対的に少数なだけに、一人ひとりの組織メンバーの行為がいかに表出され、メンバーの行為同士がいかに連結しているかが、組織全体の安定性と柔軟性のバランスのよい表出を考える際に非常に重要である。

中小企業においては、まずトップが豊かな意味充実人であることが望ましい。さらに、これまでさまざまな場において豊かな経験を積んできた人材を採用し、組織のなかで柔軟性を発揮させる場や仕掛けをつくって育てていくことが必要になる。もし組織が硬直化してしまった場合、それを打破するためには、チェンジ・エージェントが組織のなかのことをよく知り、その組織を超越して俯瞰《ふかん》できるような視点をもつことが必要なだけでなく、その組織を何とか存続させたいと考えるような会社への愛着心をもっていることが不可欠である。どんなに困難があろうと、組織変革に自分の人生における意味を見つけることができれば、人はあらゆる努力をしてみようと考えるものである。そのためにも、中小企業のトップは自らの人間的魅力と組織自体の魅力を高め、組織メンバーに伝えていく努力が不可欠であり、組織メンバーとともに、互いの人生の意味を見つけ、充実させていくような行為を日々積み重ねていく必要があるといえる。

注

（1）属人思考とは、岡本・鎌田（2006）らの研究プロジェクトで創出した概念で、問題を把握し、解決するにあたって、「事柄」についての認知処理の比重が軽く、「人」についての認知処理の比重が重い思考のこと。意思決定において属人思考が強いと、対人関係が過度に濃密となり、意見の賛成・反対が対人関係の正負と混同される傾向が生じ、事柄を冷静に見ようという姿勢が失われる。

（2）上司と部下の社会的相互作用において動機づけを向上させ、業績を上げるためには、上司の高い期待に応えるかたちで部下が自らの期待を高めて、努力することによって目標を達成させるピグマリオン効果と、上司の低い期待が部下の自信を失わせて、業績を低下させてしまうゴーレム効果がある。職場を活性化させるためには、ゴーレム効果を根絶し、ピグマリオン効果をうまく経営に取り入れることが必要であるが、ピグマリオン効果の認知の自己達成予言的傾向には功罪があることも留意すべきである。

（3）リフレーミングには、注意の焦点の変化が伴っている。既存の事象や対象から得ていた一群の刺激セットとは異なる刺激を引き出してくることで、その事象や対象のもつ意味が変化する。心理学における「図と地」の反転と同様に、図だと思っている部分が注意の焦点が変化することにより地になり、同じ絵がつぼに見えたり、二人の横顔に見えたりする（「ルビンのつぼ」と呼ばれる絵である）。

（4）（株）サワーコーポレーションは、大阪府枚方市に本社を構えている従業員五十一人の超音波洗浄機メーカーである。二〇〇六年には、経済産業省による「明日の日本を支える元気なモノづくり中小企業３００社」に選定されている。

（5）「建設の日」は、現在「改革の日」と名称を変更し、建設的な作業以外にも利用している。調査した二〇〇七年の活動は、新社屋の敷地の半分を占める斜面を利用して、ヤギを飼育するためのヤギ小屋をつくったり、ロビーのレイアウトを変更したりしていた。

（6）「複雑人モデル」を提唱したE. H. シャインは、人間は多くの欲求や潜在的可能性をもっているだけでなく、これらの欲求の姿が年齢や発達段階、役割の変更、状況、対人関係の変化とともに変化するといっている。経営側は、「経済人モデル」「社会人モデル」「自己実現人モデル」の仮説によって組織メンバーの理解を単純化しすぎたり、一般化しすぎてはならないと警鐘を鳴らしている。

【参考文献】

池田謙一（1986）『緊急時の情報処理』東京大学出版会

岡本浩一・鎌田晶子（2006）『属人思考の心理学』新曜社

寺澤朝子・弘中史子（2003）『21世紀型優良企業に向けた組織変革の試みとその課題』中部大学産業経済研究所マネジメント・ビュー8

寺澤朝子（2008）『個人と組織変化―意味充実人の視点から―』文眞堂

古川久敬（1990）『構造こわし』誠信書房

Barnard, C. I.（1938）*The Functions of the Executive*, Harvard University Press.（山本安次郎・田杉競・飯野春樹訳（1968）『新訳 経営者の役割』ダイヤモンド社）

Frankl, V. E.（1966）“Self-Transcendence as a Human Phenomenon”, *Journal of Humanistic Psychology*,

Vol. 6.

Leonard-Barton, D.（1992）"Core Capabilities and Core Rigidities: A Paradox in Managing New Product Development", *Strategic Management Journal*, Vol. 13.

Nadler, D. A., Shaw, R. B. and Walton, A. E.（1995）*Discontinuous Change*, Jossey-Bass Inc.（斎藤彰悟監訳、平野和子訳（1997）『不連続の組織変革』ダイヤモンド社）

Weick, K. E.（1969）*The Social Psychology of Organizing*, Addison-Wesley Publishing Company.（金児暁嗣訳（1980）『組織化の心理学』誠信書房）

Weick, K. E.（1979）*The Social Psychology of Organizing, 2nd*, Addison-Wesley Publishing Company.（遠田雄志訳（1997）『組織化の社会心理学』文眞堂）

個性きらめく小企業

2011年9月15日　発行

編　者　©日本政策金融公庫
総合研究所

発行者　　脇　坂　康　弘

発行所　株式会社　同　友　館
〒113-0033 東京都文京区本郷 6-16-2
BR 本郷 5 ビル　2F
電話　03(3813)3966
FAX　03(3818)2774
http://www.doyukan.co.jp/
ISBN　978-4-496-04818-0
